a r s　i n c o g n i t a

裁判員の判断の心理

心理学実験から迫る

伊東裕司 著
Yuji Itoh

JN204621

慶應義塾大学三田哲学会叢書

目次

はじめに

様々な期待や批判の下で裁判員制度が始まり、本書執筆の段階でほぼ一〇年が経過した。その間、心理学者による裁判員の判断に関する研究も多数行われるようになり、成果も上がりつつある。著者は裁判員制度が開始する前後より、裁判員の判断過程の心理学的な問題に興味を持ち、いくつかの実証的研究を行ってきた。本書では、われわれの研究室で行った実証的研究のいくつかを紹介し、心理学から見て裁判員制度にどのような問題があるのか、裁判員制度をより良いものにするために心理学からどのような提言ができるのか、将来心理学者がどのような研究を行う必要があるのかについて論じたい。

現実的な問題の多くには、その重要な要素として人間が含まれている。裁判員裁判をめぐる問題に関してもそれは当てはまり、裁判員、裁判官や被告人をはじめとして、被害者やその関係者、証人、検察官、弁護士など多くの人々が裁判員裁判に関わり、判決の行方を左右し、相互に影響を及ぼしあっていると考えられる。したがってこれらの人々の心理的な特性は、裁判が公平、公正に行われ適切な判決を出せるかどうかにおいて大きな意味を持つといえよう。中でも裁判員の役割は重大で、かつ特殊な位置づけにある。裁判員は、裁判官とともに被告人の有罪無罪や量刑を判断するが、法律や裁判に関する十分な経験や知識を持っていない、さまざまなバックグラウンドを持っている、などの点で職業裁判官とは大きく異なっている。はたして、専門的な経験や知識を持っていない、さまざまな考え方を持つ人々の集まりが、適切なやり方で適切な判断を下すことができるのだろうか。裁判員の心理に大きな影響を与え、その結果判決を思わぬ方向に大きく歪めてしまうような要因はないのだろうか。実際に、陪審制など一般市民による裁判への参加が古くから行われてきた諸外国においては、このような問題はさまざまな形で議論されてきており、心理学的な研究も行われてきた。

裁判員の心理的な特性が、裁判員裁判が適切に行われるか、裁判員制度がうまく機能していくかに大きく関わると考えられる以上、心理学的な見地から裁判員の心理的な問題に関して科学的に研究することは、重要な意味を持つと考えられる。のちに述べるように、心理的な問題といってもさまざまな側面が存在するが、われわれの研究室では感情が裁判員の判断にどのように影響するのか、という問題に取り組んできたので、本書でもこの問題を取り上げる。

第一章では、感情と裁判員の判断をめぐって、具体的にどのような問題であるのか、なぜこれらの問題に取り組んできたのかを説明するために、最初に裁判員制度の概要について簡単にまとめ、次に裁判員制度に関連してどのような心理的問題が存在すると考えられるのかについて、最高裁判所のウェブページのQ＆Aを参照しながら論じる。次いで日本の裁判員制度の特徴について、陪審制と比較しながら論じ、感情が裁判員の有罪無罪判断に影響を及ぼす可能性を示す。さらにこの心理学的な影響と密接に関連する裁判手続における問題に触れ、最後に裁判員の判断過程を考察する際に関連する心理学の理論である「二重過程理論」について触れる。本書の後半では、感情を掻き立てるような情報と裁判員の感情、判断との関連についてわれわれの研究室で行った三つの実験的研究を紹介する。第二章では、法廷での被害者遺族による感情的な意見陳述が裁判員の有罪無罪判断に影響を与えることを示した研究を紹介する。第三章では、このような影響を防ぐための方法を検討した研究を紹介する。この研究では、裁判員の考え方における個人差についても触れている。第四章では、被害者遺族の意見陳述と裁判員の感情、有罪無罪判断の間の関係を明らかにしようとした研究を紹介する。これらの実験的研究には、すでに英文誌に発表したものも未発表のものも含まれるが、裁判に関する問題に心理学実験を通してアプローチする研究について、心理学を専門としない読者にも実感していただきたいと考え、心理学の実験論文の形式を踏まえた構成としてある。最後の終章では、これらからの考察を踏まえて裁判員制度の問題点を指摘し、どのような対応が可能であるかについて私見を述べる。これらを通して司法の問題における心理学的な実証研究の必要性について考えていきたい。

第一章　裁判員裁判における心理的問題

1　裁判員制度の概要

著者は、法律などを専門としているわけではないので、裁判員制度がどのようなものであるのかについて述べることはためらわれるが、本書の議論の前提となるものであるので、簡単に述べることにする。詳細については、適宜文献、最高裁判所ウェブページ（http://www.saibanin.courts.go.jp/index.html）などにあたられたい。

裁判員制度は、一般市民が司法に参加する機会として、二〇〇九年に開始された裁判の制度である。二〇〇四年に法律が成立し、五年間の準備期間を経て二〇〇九年五月二一日に施行され、それ以降に起訴された事件のうち条件に合致するものが、裁判員による裁判（以下、裁判員裁判と呼ぶ）の対象とされた。初めての裁判員裁判は同年の八月三日に東京地方裁判所で開かれている。

裁判員裁判が行われるのは、現在のところ、刑事裁判のうち、重大な犯罪についての裁判の第一審である。これには殺人罪、傷害致死罪、強盗致死傷罪、現住建造物等放火罪、身代金目的誘拐罪などが含まれる。裁判員や親族に対して危害が加えられるおそれがあり、裁判員の関与が困難な事件（裁判員法三条）、たとえば暴力団関連の事件の一部などは裁判官のみによる裁判が行われ、裁判員は関与しないなど、例外規定も設けられている。第一審のみが裁判員裁判の対象となるので、控訴審には裁判員が関わることはない。

裁判員裁判では、三名の裁判官と事件ごとに市民から選ばれた六名の裁判員が合議を行い、被告人の有罪無罪や量刑などの司法的な判断を行う。裁判員は国政選挙権を有する国民の中から抽選で選ばれることになっているが、国会議員、国務大臣、裁判官、弁護士、検察官、警察官、自衛官などの職業についている人は裁判員になることはできない。また、七〇歳以上あるいは重病である、他の人に代わることができない重要な用務がある、などの事情がある場合には後述の手続きの各段階で辞退を申し出ることができ、裁判所が認めれば辞退することができる。なお、二〇一六年六月から国政選挙の有権者が一八歳以上と年齢が引き下げられたが、裁判員は当分の間二〇歳以上とするとされている（http://www.moj.go.jp/keiji1/saibanin_seido_gaiyou02.html）。

裁判員は、事件ごとに選任される。毎年秋に、地方裁判所ごとに次の年の裁判員候補者名簿がくじ引きにより作成され、一一月頃に候補者に通知される。その後、事件ごとにこの候補者の中からさらにくじ引きで裁判員の候補者が選ばれ、裁判の六週間前までに呼び出し状が送付される。候補者は選任手続き期日に裁判所に行かなくてはならない。そこで裁判長から不公平な裁判をするおそれがないかなどについて質問を受け、不公平な裁判をする可能性があるとされた場合には選任されない。また、検察官、弁護士は、それぞれ四人の候補者を、理由を述べずに忌避することが認められている。このようにして不選任になったものを除く裁判員候補者の中から、さらにくじ引きが行われ、六名の裁判員と必要に応じて数名の補充裁判員が選任される。

裁判が始まると、裁判員および補充裁判員は公判に立ち会わなければならない。裁判員は裁判官の席の両側に設けられた裁判員席に着席し、裁判を聞くことになる。裁判員は、証人や被告人に対して質問をすることが認められていて、裁判長から質問がないかどうかを尋ねられることもあるという。審理が終了すると、裁判員は裁判官とともに話し合いを行い、犯罪事実の認定、認定した犯罪事実の法律への当てはめ、有罪と判断された場合には、刑の種類と量の決定を行う。この話し合いは「評議」と呼ばれ、裁判官、多くの場合裁判長が司会を務める。犯罪事実の認定（事実認定）は、被告人が犯人であるかどうか（犯人性）や殺意の有無などについて、起訴された事実があるのかどうかを証拠に基づいて確定する作業である。

犯罪事実の法律への当てはめは、たとえば被告人が行った他人に傷害を負わせるという行為が過失致傷罪になるのか、傷害罪になるのかを、認定された事実に基づいて決定する作業である。最後の刑罰の決定、量刑判断では、たとえば、有罪となった被告人を死刑にするのか、あるいは懲役刑にするのか、後者の場合、期間をどうするのか、執行猶予をつけるのか、などを決定する。

六名の裁判員と三名の裁判員からなる集団（裁判体、評議体などと呼ばれる。本書では裁判体と呼ぶ）が以上に述べたような決定（評決）をする際には、多数決による。ただし、その際被告人に不利な決定をするためには、少なくとも一名の裁判官がその決定に賛成している必要があり、たとえば六名の裁判員全員が有罪に投票しても、三名の裁判官が無罪に投票した場合には有罪にはならない。

2　裁判員制度のQ＆A——心理学の視点から

市民の声を司法に活かすとともに司法に対する市民の信頼と親しみを増すことを目的として導入された裁判員制度であるが、裁判員裁判に関する法律が議会を通過すると、各方面から裁判員制度に対する疑問や不安が表明された。これらの疑問や不安の中には人間の心理的側面に関わるもの、すなわち心理学的な検討の対象となりうるものがかなり含まれている。裁判所はさまざまな形で疑問に答え、不安を取り除く活動を行ってきたが、ここでは制度の準備期間から開設されている最高裁判所の裁判員制度に関するウェブページ内の「裁判員制度Q&A」(http://www.saibanin.courts.go.jp/qa/index.html)の中から、裁判員制度に関する心理学が関わりそうな疑問点や不安点をピックアップしてみよう。

Q. 死体の写真なども見なければいけないのですか。

A. 刑事事件、しかも裁判員が関与するような重大な事件では、人が殺されたり傷害を負わされたりすることは珍しくない。裁判においては、証拠として死体の写真や、傷のクローズアップ写真などのむごたらしい写真を見る必要性があることも考えられる。多くの人は、できればこのような写真は見たくないと考えるであろう。最高裁判所のウェブページでのこの質問に対する回答は、判断に必要であれば見てもらうこともあるが、できる限り裁判員の負担の少ない方法になるよう配慮したい、というものである。実際に、傷口の写真を見てもらう代わりに、イラストで示すなどの配慮も行われているようである。

この問題に関しては、二つの心理学的な問題点が考えられる。第一は、死体などの写真を見ることが裁判員の心を傷つけ、あとあとまで残る心的外傷、トラウマを与えてしまうのではないか、という可能性である。実際に、裁判で殺害現場の写真を見させられたことが急性ストレス障害を引き起こしたとして、裁判員を経験した女性が国を相手に損害賠償を求める、という事態も生じている（日本経済新聞, 2013.5.7, https://www.nikkei.com/article/DGXNASDG0702A_X00C13A5000000/）。このような問題に対して、裁判所は臨床心理学者と共にどのようなケアができるのか、負担を軽減するために何ができるのか、などを検討し、「裁判員メンタルヘルスサポート窓口」という相談窓口を設ける、医療機関やカウンセリンググルームと提携して、裁判員経験者を紹介するなどしている。また、先に述べたように、死体をカラー写真ではなく、モノクロ写真やイラストで示す、などの配慮も行われているが、証拠を加工することに対する疑問の声もあり、死体の写真もカラーで見せるべき、とする意見もある（産経新聞, 2014.10.23, http://www.sankei.com/premium/news/141023/prm1410230006-n1.html）。

このような写真は、裁判員の心身に深刻な影響を与えるだけではなく、裁判員の判断に影響を与える可能性も大きい。以前に述べた通り、日本の裁判員制度では、有罪無罪の判断だけではなく、有罪と判断された事件については、裁判員は裁判官とともに量刑についても判断を行う。量刑は認定された犯罪の法定刑に加え、さまざまな情状などによって決められる。犯行の残忍さの程度も量刑を決定する要素と考えられ、事件現場の死体の写真も犯行の残忍さを判断する証拠と位置づけられるので、裁判員が死体のカラー写真を見ること、そしてそれによって量刑判断が厳しくなることには何の問題もないように思われる。このような考え方からは、死体のカラー写真が犯行の残忍さを判断するための証拠と考えられる場合には裁判員もしっかりと見る必要がある、ということになるだろう。しかし、裁判員が死体の写真を見ることによって、嫌悪、怒り、悲しみといったネガティブな感情を覚え、その感情が量刑判断を必要以上に厳しい方向に歪めている可能性はないだろうか。

さらに、別の重大な影響の可能性も考えられる。先述の通り、日本の裁判員制度では、裁判員は有罪無罪の判断だけでなく量刑判断も行う。そのため、裁判員は公判において有罪無罪など事実認定を行うための証拠に加え、量刑を決めるための証拠も見聞きすることになる。すべての証拠が出揃ったのちに、まず事実認定のための証拠に基づき有罪無罪の判断を行い、有罪となった場合に量刑を決めるための証拠に基づき量刑の判断を行う。有罪無罪の判断を行う際には、量刑を決めるための証拠、たとえば事件現場の死体の状況、は考慮せずに判断する必要がある。しかし、一度見て、知ってしまった事件現場の状況に影響されずに有罪無罪の判断をすることが人間にできるのであろうか。特に裁判の素人であり、事件現場の血なまぐさい状況に慣れていない裁判員にとって、このことは困難であるかもしれない。死体写真によってネガティブな感情が引き起こされ、感情に突き動かされて判断をしてしまった場合には、有罪無罪の判断に犯行の残忍さがまったく関係ないとしても、死体写真を見たことが無罪判断を有罪判断に変えてしまうかもしれない。

死体写真に関するこの第二の問題点は、より一般化すれば、感情を掻き立てるような証拠に触れることが裁判員の判断に不適切な影響を与える可能性はないか、という問いになる。本書のあとの部分で、この問題については詳しく触れる。

Q. 法律を知らなくても判断することはできるのですか。

A. 裁判員の行う判断は、公判廷で見聞きした証拠に基づいて、法律に準拠して行われなければならない。したがって法律の知識なしで裁判員が判断をすることはできない。多くの場合ほとんど法律の知識を持たない一般市民にとって、裁判員に選ばれる可能性を考えた時、上記のような疑問を持つことは当然であろう。この質問に対するウェブページの回答では、事実認定に関する判断は日常的な判断と変わりがないこと、判断に法律の知識が必要な場合には、裁判官がその都度わかりやすく説明することが述べられるので、事前に法律の知識を得ておく必要はないとしている。

裁判員に法律や裁判に関する知識をわかりやすく説明することは重要であるが、容易なことではない。アメリカなどの陪審制を採用している国では、陪審員は裁判官がいないところで、陪審員のみで有罪無罪の判断をしなければならない。そのために、公判において裁判の進め方、陪審員としての判断の仕方、関連しそうな法律などについての説明がなされる。この手続きやその内容を「説示」と呼んでいるが、内容は大部にわたる説示集の中からその事件の裁判に関わると考えられる部分を、裁判所、検察官、弁護人の合意のもとでピックアップして、裁判官はそれを一字一句変えずに、特定の部分を強調するなどをせずに読み上げることになっている（五十嵐, 2007）。

陪審員が評議を行う際にはほかには誰も同席せず、法律についてもその都度専門家に尋ねることはできない。したがって、説示が陪審員に十分に理解されていることが、陪審員による裁判がうまく機能するための前提になる。心理学では、物事の理解や学習についての研究が古くより行われており、陪審員が説示を理解しているかどうかという問題に対して答えを出すことが期待されるだろう。実際に、陪審員による説示の理解を検討した研究は、多くなされている（たとえば Lieberman & Sales, 1997）。

これらの研究では、一般に、陪審員は必ずしも説示をよく聞いておらず、理解してもいないことが明らかになっている。理解の程度を少しでも良くするためにはどうしたらよいかについても、心理学的な研究が行われている。たとえば公判の最初と最後、すなわち審理が行われる前と後の二回説示を行うこと、文章表現を工夫することなどによって説示の理解が促進されることが明らかになっている（Lieberman & Sales, 1997）。

陪審員のみで評議が行われる陪審制においては、説示は極めて重要な役割を果たすが、裁判員が裁判官とともに評議を行い、必要が生じれば裁判官がその都度法律などについての説明を行うことができる日本の裁判員制度においても、やはり説示は重要な役割を果たし、心理学的な検討が大きな意味を持つと考えられる。裁判官がどのような形で説示を行えば裁判員の理解は促進されるのか、説示は裁判員によってどの程度理解されているのか、どのような説示が中立性を保つことができ裁判員にバイアスを与えないのか、などについては、理解に関する心理学的な知見や心理学的な実証研究の方法が役に立つものと考えられる。

ただし、説示の心理学的な研究に関しては大きな問題が存在する。説示が評議室という裁判員と裁判官以外が立ち入ることができない密室で行われ、その内容や方法を規定する規則がなく、個々の裁判官に任されている、という点である。実際にどのような内容の説示がどのような時点でどのような形で行われているのかがわからなければ、説示に対する心理学的な検討を行うことは困難であろう。とはいえ、不適切な説示が行われた場合には裁判員の判断が好ましくない影響を受けることを実証的に示すことは可能であり、今後の心理学的研究が期待される。

Q．証拠だけに基づいた判断が裁判員にできるのでしょうか（マスコミの報道により予断を持ってしまうおそれはないでしょうか）。

A．裁判員は、法廷の内外で当該事件に関するさまざまな情報に接すると考えられる。最高裁判所のウェブページの回答でも、テレビや新聞などのマスメディアによる報道によって裁判員が事件に関する感想を抱く可能性が指摘されており、裁判員は証拠だけに基づき、そのような情報に影響されずに判断することが求められると述べている。その上で、裁判員は裁判官との議論の中で判断を行うので、議論の中で証拠以外の情報に基づく意見などが出ればその旨を裁判官が指摘する機会があり、それによって先入観などは払拭されるだろうと説明している。

最高裁判所のこの回答が妥当であるかどうかは、やはり心理学的な検討の対象となるものである。ウェブページでも、最高裁判所は、「裁判長や他の裁判官も、この議論の中で、証拠以外の情報に基づく意見があった場合には、それが証拠に基づくものではないことを指摘するなどして、裁判員が証拠に基づいて判断できるように努める」と回答しており、マスコミ報道などの影響を完全に否定しているわけではない。マスコミの報道以外にも、公判において述べられた証拠以外の情報（検察官や弁護人、あるいは被害者の意見など）も裁判員の判断に影響を与えることが考えられる。これらは評議室での議論の中に現れなくても、裁判員の判断に影響を与える可能性はあるだろう。実際にこのような情報の影響がどのように現れるのかについては、やはり心理学的な実証研究によって検討する必要があるものと思われる。

Q. 裁判官の意見に誘導されるおそれはないのでしょうか。

A. 裁判や法律の専門家ではない裁判員は、判断する際に確かな自信が持てないかもしれない。そのため専門家である裁判官がどのような意見を持っているのかは気になるところであろう。場合によっては自分の意見を述べてはみても、それに対して裁判官がどのように考えているのかと裁判官の表情を窺うこともあるかもしれない。裁判官の意見に影響されて裁判官が出したい結論を出してしまうのではないか、という一般市民の不安はいわれのないものではないだろう。

このような不安、疑問に対して、最高裁判所のウェブページでは、評議では裁判官は裁判員が気軽に意見を言えるような雰囲気を作り、裁判員の意見を先に聴くなどすることによって、裁判官による誘導の可能性はなくなる、という見解を示している。この質問に対しては、まず「そのようなことはありません」と断定的に回答していることが印象的である。しかし本当に裁判官による誘導がないかどうかは、慎重な検討を要する問題である。裁判官が、裁判員の意見を聞くまで自分の意見を述べることを控えたとしても、裁判員が投票をして裁判体としての結論を出すまで自分の意見を述べないということは考えにくい。裁判員が先に意見を述べていれば、その後に聞いた裁判官の意見は裁判員の判断に影響を与えないのだろうか。裁判員が、裁判官の反応を気にしながら意見を述べているような状況であれば、たとえ裁判官が意見を述べなくても、その表情や仕草、あるいは声の調子などが裁判員の判断に影響を与えることは考えられるだろう。裁判官による意図的な誘導がなく、また裁判官が裁判員自身に判断してもらうように意識していたとしても、裁判官の意見や考え方が裁判員の判断に影響を与える可能性はあると考える必要がある。

心理学では、従来より集団による意思決定の過程に関する研究が行われているが、そのような観点から裁判員裁判における裁判体の意思決定についての研究が行われるようになってきており（たとえば村山・三浦, 2015）、その成果が期待される。

Q. 裁判をするのは責任重大で気が重いのですが。

A. 裁判員は被告人を裁き、その結果被告人の一生を左右することにもなるだけでなく、被害者の生活や精神状態にも多大な影響を与える可能性がある。そのような責任を負うことは心理的負担が大きいのではないか、という不安から出てきたものと考えられる質問である。これに対して回答では、裁判員は一人だけで人を裁くのではなく、他の裁判員や裁判官とグループで十分な議論をして結論を出すので、納得のできる妥当な結論を得ることができるはずであり、そのことを考えると不安は軽いものになるのではないか、と述べている。

しかし実際には、特に死刑判決の可能性があるような重い事件の裁判では、いくらグループで決めるからといって、決定を下したことが大きな心的負担となって元裁判員ののちの生活に影響を与える可能性を否定することはできないだろう。日本の裁判員制度では、決定は多数決で行われるので、死刑か無期懲役かで意見が割れて、僅差で死刑が決定する場合も考えられる。そのような場合に、自分が死刑の判断をしなければ被告人は死刑にはならなかったのでは、と考えてしまうことは、十分にありうる。

プロの裁判官であっても、そのような重圧に苦しむことがないとはいえない。冤罪が疑われ二〇一四年に再審（裁判のやり直し）が決定した、一九六六年に静岡県清水市で起こった「袴田事件」と呼ばれる殺人放火事件の一審の裁判では、担当した三人の裁判官のうちの一人が無実を確信していたにもかかわらず、合議により死刑判決となり、一九八〇年に最高裁判所で死刑が確定した。この裁判官は、一審での死刑判決に責任を感じ、一審判決ののちに裁判官を辞任し、自分を攻め続ける状態が続いていたといわれている（尾形, 2010）。

現在の裁判員制度においては、裁判員による裁判の対象となるのは殺人や放火などの重大な犯罪とされているが、このような元裁判員の多大な心理的負担の可能性を考慮して、重大な事件、特に死刑判決の可能性が考えられる事件は裁判員裁判の対象としないことを主張する意見もある（たとえば大分県弁護士会, 2011）。心理学関係者は、裁判員メンタルヘルスサポート窓口などを通じて問題が生じた場合の対処に当たっていると思われるが、組織的な調査研究などにより問題の有無、実態などを明らかにすることが望ましいと思われる。ただし調査研究の実施については、守秘義務との兼ね合いで、困難であることが予想される。

Q. 裁判の迅速化は、誤審につながるのではないですか（じっくり考える必要があるのではないですか)。

A. 考える時間、あるいは議論する時間が十分にない場合に、誤った、あるいは不適切な判断をしてしまうのではないか、という危惧である。私たちは日常生活の中で、慌てて結論を出してしまってのちに後悔する、といった経験をしばしばする。これには、十分な判断材料を集めずに結論を急いでしまったためという場合や、判断材料は十分に揃っていたがそれらを活かすに至らなかった場合が考えられる。裁判においても同様のことが起きることが考えられるであろう。

回答では、迅速な裁判が行われることが必要だとした上で、裁判員裁判では「公判前整理手続」においてどのような証拠をどのような方法で調べるのがよいかなどの整理を行い、わかりやすさを十分に考慮してスケジュールを立て、評議には十分な時間を確保するので、心配はないという旨の説明をしている。しかし実際には、裁判員経験者に対するアンケートなどでも時間が足りなかった、ほかの証拠も考慮したかったなどの意見が出ていることから見ても、十分であったとはいえない可能性も考えられる。

第一章6節で詳しく触れるが、心理学者たちは、私たちがものを考える際には、材料を一つ一つ吟味して時間をかけて考えるやり方と、時間をかけずに直感的に考えるやり方があり、課題や状況に応じて使い分けていると考えている。裁判における判断でいえば、前者は一つ一つの証拠を十分に吟味して、それらを反映させた判断を行うやり方であり、後者は個々の証拠をしっかりと吟味することなく判断してしまうやり方である。心理学の研究は、後者のようなやり方を取った場合には、本来の判断とは関係がないはずの事柄、たとえば被告人の外見が魅力的であるかなどによって判断が影響されてしまうことが知られている（Mazzella& Feingold, 1994）。裁判員は真剣にその任務に当たっており、人の人生を左右するような重大な決定をする際にはそのような判断の仕方が取られる可能性は少ないと考えられるかもしれないが、扱わなければならない情報が複雑であるほど、あるいは時間の制限がある場合ほど直感的な考え方がされやすいという知見も得られている。実際の裁判においてこのような判断がなされることがあるのかどうかを実証的に検討する必要があるだろう。

これまで最高裁判所ウェブページの「裁判員制度Q＆A」の項目から、裁判員制度に関する心理学的な問題について見てきたが、これらの問題を大雑把に分類すると、裁判員の精神的健康に関連する臨床心理学的な問題と、裁判員の判断の仕方や判断結果に関連する認知心理学、および社会心理学的な問題に分けることができるだろう。本書の残りの部分では、われわれの研究室で扱ってきた、後者の認知心理学的、社会心理学的な問題に焦点を当てて、具体的な問題について考えていく。ただしその前に、海外の、特に欧米の陪審制と比べることによって、日本の裁判員制度に特有な問題について明らかにしておきたい。

3 陪審制との比較から見た裁判員制度の問題点

日本では、二〇〇九年に裁判員裁判が開始され、市民による司法参加が始まってからまだ日は浅いが、アメリカをはじめとする欧米の国々は古くから陪審制や参審制を取り入れており、その歴史も、また市民による司法判断に関する研究の歴史も長いものがある。中でもアメリカは、実験的、経験的な心理学の研究が盛んであること、陪審員は事件ごとに市民の中から無作為に選ばれる、という点で日本の裁判員と同様の特徴を持っていることなどから、裁判員の判断に関する研究を行う上で参考になる点が多い。もちろん、陪審制では陪審員のみで評議を行い陪審員のみで結論を出す点、有罪無罪の判断のみを行い、量刑の判断は行わない点など、裁判員制度と異なる点もある。これらの点については、裁判員制度はフランス、ドイツなどで取り入れられている参審制と共通している。しかし、国によって異なりはするが、参審制においては参審員が団体などの推薦により選ばれる「特別な」人であり、任期制を取っており、同一の参審員が何件もの裁判を担当する、という点では裁判員制度と異なっており、法律や裁判については素人である一般市民による司法的判断の過程を考える、という点では、やはり陪審制が参考になるという側面は多いであろう。

とはいうものの、やはり一般市民による司法的な判断について研究を進める上で、裁判員制度と陪審制の相違は重要な意味を持つ。ここでこれらの相違点について整理しておくことにしたい。

裁判員制度と陪審制の最も大きな相違は、陪審制では評議は陪審員のみで行われるのに対し、裁判員制度では裁判官と裁判員が一緒に評議をする、という点であろう。もちろん一つの裁判の陪審員の中でも法律に詳しい者詳しくない者、議論を積極的にリードする者しない者、自分の意見を強く主張する者しない者といった個人差はあるだろう。したがって、法律や裁判の専門家ではない一般市民のみからなる裁判体であっても、均質な集団と考えることはできない。しかし裁判員裁判における裁判体は、法律や裁判の専門家である裁判官と素人である一般市民から構成されており、専門的な知識の差は圧倒的である。裁判員裁判の裁判体における集団内の力学的関係は陪審裁判の裁判体とはまったく異なると考えられる。そこから、先のQ&Aで取り上げた「裁判官の意見に誘導されるようなことはないのか?」といった疑問が生じることになる。先に述べたように、裁判官が意図的に裁判員を誘導するようなことはないとしても、裁判官による無意識な言動や評議の進め方が裁判員の判断に思わぬ影響を与えていることも考えられるため、心理学的な研究によりその可能性を明確にすることは重要であろう。

裁判員が裁判官とともに評議を行うことに由来する、裁判員制度と陪審制とのもう一つの大きな相違点は説示のあり方である。陪審制では評議は陪審員のみで行われるため、そのために必要な法律的な知識などはすべて公判廷において説示という形で与えられる。欧米などにおける陪審裁判に関する心理学的な研究では、陪審員による説示の理解や説示が陪審員の判断に与える影響などについての研究が行われている。これに対して日本の裁判員裁判では、公判において法律や裁判員としての判断の仕方などについて説明がなされることはあるが、陪審裁判において行われるような組織的な形での説示は行われていない。法律的な知識などは評議の際に必要に応じて裁判官が説明することができる、という考え方である。評議の際に何が行われているのかは公開されていないため、裁判員がどの程度裁判官による法律などの説明を理解しているのか、裁判官の説明が裁判員の判断にどのような影響を与えるのかについて、現状に基づいた研究を行うことが困難になっている。しかしながら、これらの影響などの可能性について心理学的な実証研究を通して指摘することは重要であろう。

陪審裁判と裁判員裁判のもう一つの重要な相違点は、市民が量刑判断に関与するか否かという点である。アメリカの多くの州で陪審裁判において、死刑の決定がなされるという例外を除き、陪審員は、有罪無罪の判断は行うが量刑判断は行わない。一般的には陪審員が有罪の判断を示した場合に、裁判官によって量刑のための裁判が行われ、量刑に関わる証拠が調べられ、裁判官によって量刑が決定される。この裁判には陪審員は参加しない。一方、日本の裁判員制度においては、裁判員は裁判官と議論して有罪無罪の判断も、量刑判断も行う。有罪無罪の決定と量刑の決定は、一つの裁判で同じ裁判体、すなわち同じ裁判官と同じ裁判員によって行われる。かつ、裁判は有罪無罪を決定する事実認定の手続きと量刑の手続きが分離されているわけではなく、公判においてすべての証拠が提示され調べられた上で、有罪無罪と量刑の決定がなされるという形をとる。

このような裁判の進め方からは、さまざまな懸念が浮かび上がる。まず、裁判員にとって量刑の判断は有罪無罪の判断以上に難しいと考えられる。有罪無罪の判断は、事実が明らかになれば可能である。それに対して、量刑の判断にはさまざまな要因が絡んできて、それぞれの要因を適切に勘案する必要がある。法律は、個々の罪に対してどんな刑罰を与えるべきであるかを規定している。たとえば、殺人罪であれば法律で定められた刑罰、法定刑は死刑または無期もしくは五年以上の懲役であり（刑法一九九条）、殺害意図がなかったと認められた場合に適用される傷害致死罪であれば三年以上の有期懲役とされている（刑法二〇五条）。このように法定刑は幅を持って決められていることが多く、その範囲内で刑罰を決めるためには、犯行の動機、方法、被告人の年齢や経歴、環境、犯行後の態度などさまざまな事情を勘案することになる。さらに、何らかの事情がある場合には刑を重くしたり軽くしたりする加重減免が認められていて、法定刑を上回ったり下回ったりする決定がなされる場合もある。このように量刑の判断は複雑であり、一義的ではないため、専門家ではない裁判員にとって困難な判断になる。限られた知識や経験しか持たない裁判員が、多くの情報を合理的に勘案して量刑の判断ができるのかについては、心理学的な検討が必要であろう。

裁判員による量刑判断においては、単に複雑である、というだけではなく、望ましくない要因が判断に影響を与えてしまうことも懸念される。たとえば、有罪無罪の判断が量刑判断に影響を与えることはないだろうか。評議においては多数決で有罪無罪の決定がなされ、有罪となった場合に量刑に関する議論がなされることになる。この時裁判員は、被告人が有罪であることを前提に量刑の判断を行うことが求められるが、有罪無罪に関して被告人の無罪を確信し主張していた裁判員が適切に量刑を判断することができるだろうか。自分が無罪であると信じる人が重い刑罰を受けることは適切ではないと考え、刑罰を受けるとしてもできるだけ軽いものに止めようと意識的に考えるかもしれない。裁判官から、このような考え方は適切ではないのでしないように、という注意があった場合に、意識的に行なっていることであれば行わないようにすることは可能であろう。しかし、無意識のうちに軽めの刑罰を選択してしまうという可能性も考えられ、この場合には意識的な調整は困難であると考えられる。場合によっては調整しなければという考えから、必要以上に過剰な調整を行ってしまい、重すぎる刑を科すことになる可能性も考えられる。これらの可能性についての検討も、心理学の課題であると考えられる。

有罪無罪の判断の前に量刑判断のための証拠に触れることが、有罪無罪の判断に影響を与えることも考えられる。たとえば、量刑を判断するためには被害者が被った精神的な苦痛がいかに大きかったかを勘案することもありうる。現在の刑事裁判では、被害者が法廷で意見を述べることが認められている（意見陳述制度）。また一定の重大事件においては、被害者が刑事裁判に参加し、意見を述べる、承認や被告人に質問をするといったことを可能にする被害者参加制度が、裁判員制度とほぼ同じ時期に始まっている。これらの場で被害者は、しばしば強い感情の吐露を伴って、被った被害の大きさを述べることがあることは予想に難くない。被害の大きさ、被害感情の強さは、被告人が犯人であるかどうかなどの犯罪事実とは関係がない。そのため、被害者の意見陳述は、量刑判断のための証拠としては認められても、有罪無罪判断の材料として使うことはできない（刑訴法二九二条の二第九項）。しかし、量刑判断の材料としてしか使えない証拠と有罪無罪判断の材料となる証拠の切り分けが、裁判員に可能なのであろうか。もちろん裁判官は評議において有罪無罪の判断には用いることができない証拠について注意を与えるかもしれない。また公判において弁護人がその旨を述べるかもしれない。しかし多くの材料が複雑に絡み合う裁判において、裁判員に適切な証拠の切り分けを求めることは難しいかもしれない。

さらに、感情の影響も考えられる。被害者の意見陳述に接した裁判員が被害者に同情し、事件の犯人に対して怒りや嫌悪の感情を抱くことはありうるだろう。一般に強い感情は時に理性的な判断を妨害することがあるが、犯人に対する怒りや嫌悪が誤って被告人に向けられ、無実の被告人を有罪と判断してしまうことはないだろうか。これらの可能性について実証的に検討することも、心理学の役割である。（被害者参加の量刑への影響については佐伯（2017）を参照されたい）。

4　感情が裁判員の有罪無罪判断に及ぼす影響

日常生活において、感情はわれわれの生活に豊かな彩りを与えてくれる一方で、厄介をもたらすものでもある。たとえば、良いことがあって浮かれた気分でいると、真剣な作業に集中できなかったり、うっかりしてミスを犯したりしてしまうことになるかもしれない。あるいは、試験に対する強い不安から、上がってしまい、実力が発揮できない、ということもしばしば経験する。家族や仲の良い友達と喧嘩をしてしまい、怒りに任せて相手にひどいことをしたり言ったりするかもしれない。

法廷においては、浮かれた気分でいて失敗する、ということは起こりそうにないが、極度の責任から緊張してしまい、十分に考えられない、ということや、犯人に対する怒りや、被害者に対する強い同情などのために判断を誤ってしまう、ということはありうるだろう。公判においては、感情的なコミュニケーションがなされる可能性が高く、裁判員は、怒りや嫌悪、悲しみといったネガティブな感情を掻き立てられるような情報に曝されることが想定される。

本書の後半では、感情が裁判員の有罪無罪の判断に影響を及ぼすのか、及ぼすとしたらどのような影響なのか、そのような影響をなくす、あるいは緩和する方法としてどのような可能性があるのか、などについて三つの心理実験を紹介し、論じるが、その前に関連する裁判手続きにおける問題と法学的な議論、および人間の思考のある側面についての心理学的な議論について簡単に触れておきたい。

5　事実認定判断と量刑判断――手続二分論をめぐる議論

先にも述べた通り、日本の裁判員制度においては有罪無罪などを判断する手続きと量刑を決める手続きが明確に区分されておらず、すべての証拠調べや弁論、論告などが終わってから、裁判員は裁判官とともに評議を行い、有罪無罪や量刑などを決定する。裁判において行われる判断は、問題となっている出来事に事件性があるのか、被告人が犯行を行った当事者であるのか（犯人性）など、犯罪に関する事実関係を明らかにし、被告人が有罪か無罪かの認定を行うなどの事実認定判断と、被告人が有罪と判断された場合にどのような刑罰を科すのかを決定する量刑判断に分かれる。しかし、裁判員制度を含む現在の日本の刑事裁判の制度では、事実認定手続と量刑手続が明確に区分されない形で行われている。この事実認定手続と量刑手続を裁判の中で明確に区分し、事実認定のための証拠についての審理を行なったところで有罪無罪を決定し、有罪となった場合にのみ量刑手続のための裁判を行い、そこで初めて量刑判断のための証拠を示し、審理を行った上で量刑を決定すべきである、という考え方があり、「手続二分論」と呼ばれている。手続二分論は法学者の間では古くから議論されていたが、裁判員制度の導入の前後から改めて活発に議論されている（渕野, 2015; 畑, 2011;

杉田, 2010など)。

事実認定の対象となる事柄には、先に述べた出来事の事件性、被告人の犯人性のほかにも、犯行意図の有無(人を傷つけた場合、誤って傷つけたのか、故意に傷つけたのか、など)、責任能力の有無(被告人に精神疾患があったかどうか、など)、計画性の有無などがある。事実認定は、証拠のみによって行われなければならず、証拠とは裁判所が証拠として認めたものをいう。事実認定の材料となるすべての証拠は、公判廷で調べられる必要がある。そして、裁判において調べられる証拠の中には、量刑においては用いることが認められているが、事実認定に用いることが認められていないものが存在する。犯罪被害者による意見陳述では、犯罪による物質的、心理的な被害がいかに大きいものなのか、犯人に対する厳しい処罰をどれほど強く望んでいるかなどが語られることが多い。しかしこれらは犯人にどのような刑罰を科すことが適当であるかには関係する可能性が考えられるが、出来事の事件性や被告人の犯人性にはまったく関係がない。したがって被害者の意見陳述は、量刑判断の際に参考にすることはできるが、事実認定には用いることができないとされている。また、被告人の前科についての情報や、普段から粗暴で気が短く、すぐに暴力を振るう傾向があったなどの被告人の性格(悪性格)についての情報は、量刑判断の際の証拠としては認められることがあるが、事実認定の証拠としては用いることはできないとされている(渕野, 2015)。これらは問題となっている犯罪を被告人が行ったかどうかとまったく無関係ではないかもしれないが、関連はほとんどないにもかかわらず、裁判員に被告人が有罪であるという強い予断を抱かせてしまうものだというのである。

現在の裁判員制度においては、証拠調べにおいて事実認定に関する証拠と量刑に関する証拠は、できるだけそれぞれまとめて分離して扱うことが求められている。しかし、審理の中でこれらの証拠を分離して扱ったとしても、有罪無罪についての評議、決定を量刑に関する証拠が示されたのちに行うのであれば、これらの証拠が有罪無罪の判断に影響を与えることを防ぐことはできないと考えられる（渕野, 2015）。すなわち、たとえばまず有罪無罪に関わる証拠をすべて示して証拠調べを行なったのちに、以降は量刑に関する証拠調べを行うことを明示した上で量刑に関わる証拠を扱ったとしても、それだけでは十分ではないであろう。

ここでは触れないが、手続二分の必要性に関しては、他にもいくつかの理由が論じられている（渕野, 2015）。それにもかかわらず裁判員裁判を含む現在の裁判の制度では手続二分がなされていないのは、なぜなのであろうか。手続二分論に対してはさまざまな反論がなされているが（たとえば今井, 2013 によるまとめを参照）、ここでは今井が「意識的な手続二分」と言っているものをあげておきたい。これは、意識の上で事実認定のための証拠と量刑のための証拠を分離しておくことで手続二分論が目的としていることは達成できる、とするものである。刑事訴訟規則一九八条の三で「犯罪事実に関しないことが明らかな情状に関する証拠の取調べは、できる限り、犯罪事実に関する証拠の取調べと区別して行うよう努めなければならない」としていることで、量刑のための証拠が事実認定に影響を与えてしまう恐れがある問題は解決済みという考え方である。自らが裁判長として訴訟指揮する裁判員裁判で、のちに説明する手続二分論的運用を行ったことで知られる故・杉田宗久判事も、最初は裁判員に対して、事実認定のための証拠と量刑のための証拠を区別し、有罪無罪の判断に量刑のための証拠を用いないように注意を促すことで、有罪無罪判断に対する量刑のための証拠の影響は防げると考えていたそうである（杉田, 2010）。このことから見ても、この考え方は一部の法学関係者、法実務家の間では根強く受け入れられているのであろう。

このような法学的な議論をめぐっては心理学実験により実証的に手続二分の必要性に関する示唆を得ることが可能であると考えられる。すなわち、これは裁判員の思考や判断の性質に関する問題であり、裁判員が証拠の構造や裁判手続の構造を適切に理解し、そのことによって合理的な判断を行うことができるかどうかを、実験を通して考察することができるはずである。十分な説明をして注意を促すことで、量刑のためにのみ用いるべき証拠が事実認定に影響を与えることを防げるのかどうか、心理学的な実証研究により光を当てる必要があるだろう。

心理学的な研究に続く議論からはやや外れるかもしれないが、手続二分論者がどのような解決を考えているのかについて少しだけ論じておきたい（渕野, 2015; 畑, 2011; 杉田, 2010）。第一の選択肢は、故・杉田宗久判事が実践していた手続二分論的運用による解決である（杉田, 2010）。杉田は、制度の変更を待つのではなく、現行の法律や規則の中で裁判長に許される裁量の範囲内で手続二分論の目的の達成を試みた。彼の手続二分論的運用による法廷では、事実認定に関する証拠調べが終わった段階で、中間論告、中間弁論などが行われ、裁判員、裁判官からなる裁判体は中間評議を行い、有罪無罪を一旦決定する。有罪と判断された場合には、量刑に関する証拠調べが行われ、最終論告、最終弁論に続き評議が行われ量刑が決定される。中間評議で無罪と判断された場合には、量刑に関する証拠調べは行われず、最終論告、弁論が行われたのち、最終評議が行われるが、最終評議において裁判員が意見を変更することは、現行の制度の中では禁止することはできないため、最終評議で一旦無罪とした判断が有罪に変わることもあり得る。その場合には、改めて量刑に関する証拠調べを行い、再度評議を行うことになる。

第二の選択肢は、法律、規則を改定して、手続二分を実施するというものである。事実認定に関する証拠調べが終了し、その段階の評議において無罪の結論が出されたなら、量刑に関する証拠調べは行わず、無罪の判決が出る。有罪の結論が出た場合には、量刑に関する証拠調べが行われ、量刑に関する評議が行われる。この方式では、一旦無罪の判断が下されたのちに、有罪判断に変更される、といったことは起こらず、また有罪無罪の判断を下すより前に量刑に関する証拠が裁判員に示されることもない。ただし、有罪判断がされた場合には、それまで無実を主張していた被告人が、量刑手続においては突然、被害者に対して謝罪したり反省の態度を示したりすることになり、そのことが裁判員に対して不信感を与え、必要以上に厳しい刑罰が選択されるという可能性は残される。また、裁判官は裁判の開始時にはどのような量刑に関する証拠が存在するのかを知っており、そのことが裁判官の判断に影響を与えたり、評議の進め方に影響を与えたりする可能性は残されるかもしれない。

　第三の選択肢は、事実認定手続で有罪の判断が得られた場合には、裁判体を変更して、事実認定手続とは異なる裁判官と裁判員によって量刑手続を行う、というものである。このやり方であれば量刑手続が事実認定に与える影響を防ぐことができるだけでなく、事実認定手続が量刑判断に与える影響をなくすことも可能であると考えられる。この第三の選択肢の採用が必要であると論じる研究者がいる一方で（渕野, 2015）、迅速な裁判の必要性などの観点から手続二分論に否定的な議論も多いのが現状であるが、それだけに裁判員や裁判官の判断プロセスに関する心理学的実証研究の必要性は大きいものと考える。

6　二重過程理論

裁判員による判断について考える際に押さえておきたい考え方に、「思考の二重過程理論」と呼ばれるものがある（たとえばKahneman, 2011）。二重過程理論によれば、われわれの思考、認知は性質の異なった二つのシステムによって行われているという。システム1と呼ばれる、素早く自動的な情報処理を行うものと、システム2と呼ばれるゆっくりとした意図的な情報処理を行うものである。たとえば、次の問題を考えてみよう。

バット一本とボール一個を合わせた値段は一一〇〇円である。バットの値段はボールの値段より一〇〇〇円高い。ボール一個の値段はいくらか？

ごく簡単な算数の問題であるが、ボールの値段は一〇〇円だと考えた人はいないだろうか。もちろん正解は五〇円であるが、すぐに違うことに気づいて正解した人も合わせると一〇〇円だと思った人はかなりの割合になるのではないだろうか。これは、問題文中にある合計金額の一一〇〇円と差額の一〇〇〇円を用いて数値を簡単に組み合わせて計算を行った結果であり、システム1がはたらいたものと考えられる。あまりよく考えずに出した答えが一〇〇円なのである。一〇〇円という答えを出した人でも、じっくり考えれば正解を得ることができるであろう。算数の時間に算数の問題として上記の問題を出された小学生の多くは、間違えることなく正解を得ることができるが、この場合にはシステム2がはたらき、ある程度の時間をかけて、場合によっては図を書いてみるなどして考え、一歩一歩計算を行い解にたどり着く。

システム1は素早く、自動的、連想的な情報処理を行うシステムで、情報処理を行う際に心理的な努力をほとんど必要としない。そのため、長時間にわたって持続的にはたらき続けることができ、また、同時に複数の情報処理を並列的に行うことができる。システム1による情報処理は、ヒューリスティック的ということができる。ヒューリスティックとは経験により獲得された簡便法的な問題解決の方法であり、多くの場合には適切にはたらき適切な解が得られるが、場合によってはうまくはたらかず、認知バイアスにとらわれてしまうこともある。一方システム2は、システム1とは逆に、ゆっくりとした、意識的な情報処理を行うシステムである。システム2がはたらくためには自分のしていることや対象にしっかりと意識を向けて、努力を払うことが必要である。そのため、長時間にわたってシステム2がフルにはたらき続けることは難しく、同時に複数の情報処理を行うことは困難である。システム

1の並列的な情報処理に対して、直列的な処理ということができる。Kahnemanによれば、人間のシステム2は怠け者で、情報処理においてはもっぱらシステム1がはたらき、システム2は普段はのんびりとした快適モードではたらき、システム1の情報処理の結果をチェックし、必要がある場合にのみフルに稼働するという。

システム1とシステム2について、特にシステム1がはたらくことによって生じる認知バイアスについて説明するために、認知心理学の研究においてしばしば用いられてきた有名な問題を紹介しておこう。「リンダ問題」と呼ばれている問題である（Tversky & Kahneman, 1983）。

リンダは三一歳、独身で、意見を率直に言い、また非常に聡明です。彼女は哲学を専攻していました。学生時代、彼女は差別や社会正義の問題に深く関心を持ち、反核デモにも参加していました。現在彼女について、どちらの可能性の方が高いだろうか？ (1)銀行の出納係である。(2)銀行の出納係であり、フェミニスト運動の活動家である。

リンダが銀行の出納係でかつフェミニスト運動の活動家である場合には(1)にも(2)にも当てはまり、銀行の出納係ではあるがフェミニスト運動の活動家ではない場合には(1)には当てはまるが(2)には当てはまらない。すなわち(1)は(2)を含んでいるので、正解は(1)である。しかし、

Tversky & Kahneman の実験に参加した被験者の八五%が(2)の可能性の方が高いと回答している。これは問題を解く際にシステム1がはたらきヒューリスティックに頼ってしまったためであると考えられる。つまりリンダの記述にとってより代表的と思われるのは(1)より(2)であり、より代表的な(2)の方が可能性が高い、と判断したというのである。われわれの日常生活においては、代表性のヒューリスティックによって判断をしても困ったことにはならない場合が多いが、リンダ問題の場合には誤った答えを出してしまうのだという。

認知の二重過程理論はさまざまな研究者によってさまざまな形でさまざまな認知課題に適用されているが、その中で説得研究に注目してみよう。説得とは、個人に対して説得メッセージを発することによってその個人の特定の対象に対する態度を変化させる過程である。刑事裁判について考えると、証拠に基づく議論によって裁判員や裁判官の被告人に対する考え方を、検察側は有罪方向、あるいは重い刑罰の方向に、弁護側は無罪方向、あるいは軽い刑罰の方向に変化させようとする機会と考えられるので、説得に関する心理学的研究の知見を刑事裁判に適用することは可能であろう。そのような意味で注目すべき理論に Petty & Cacioppo（1984; 1986）による「精緻化見込みモデル」がある。このモデルは説得を受ける者が説得メッセージをどの程度よく考えて情報処理するか＝精緻化できるかは、その者の当該の領域に関する関心や知識の量、時間的圧力などによって変化し、精緻化される見込みが高ければ、彼らが中心ルートと呼んだシステム2による情報処理が行われ、精緻化される見込みが低い場合には、周辺ルート、システム1による情報処理がなされる、とする考え方である。

また、Cacioppo & Petty（1982）はこの考え方と関連するものとして「認知欲求 need for cognition」という概念を提案している。認知欲求とは特定の個人における中心ルートによる情報処理に対する動機づけの強さを指している。彼らは、個人ごとに中心ルートによる情報処理を行う傾向に相違があると考え、その傾向を認知欲求と呼び、認知欲求を測定するための質問紙による認知欲求尺度を考案した。「あまり考えなくてもよい課題よりも、頭を使う困難な課題の方が好きだ」、「かなり頭を使わなければ達成されないようなことを目標にすることが多い」などの一五個の質問項目に1（まったく当てはまらない）から7（非常に当てはまる）の七段階で回答を求め、認知欲求得点を得るものである。認知欲求得点が高いほどシステム2を用いてじっくり考える傾向が強く、また考えることを好むとされている。この尺度は、その後多くの研究で用いられ、日本でも日本語に翻訳されたもの（神山・藤原, 1991）が多くの研究で用いられている。

精緻化見込みモデルに則った説得に関する実証的研究の典型的な実験パラダイムを見てみよう。多くの研究で、説得メッセージにいくつかのバージョンを設け独立変数としている。たとえば、説得メッセージの内容を変えて、一方は信頼の置けそうな根拠から論理的にしっかりとした議論に基づき説得をしているもの（強い議論）、もう一方は根拠としてあげている事柄の信頼性が乏しく、またそこからの議論の組み立てにも問題が見られるもの（弱い議論）を用意する場合がある。あるいは、同じ内容のメッセージであっても、その問題の領域の権威が書いた文章として示す条件と領域の専門家ではない、たとえば普通の大学生が書いた文章として示す条件を設ける場合もある。説得の受け手側の要因として、限られた短い時間でメッセージを読まなければならない条件と十分な時間をかけてメッセージを理解することができる条件を設ける、あるいは認知欲求尺度質問紙を用いて実験参加者を認知欲求の高い群と低い群に分けて、それを独立変数とする場合もある。この受け手側の要因は、中心ルートが取られやすい条件と、周辺ルートが取られやすい条件を設定するように工夫されている。多くの研究の結果から、中心ルートが取られやすい条件、たとえばメッセージの理解に十分な時間をかけられる条件や、認知欲求の高い実験参加者が説得を受ける条件では、説得メッセージの内容の議論の強弱が説得の程度に影響を与え、強い議論のメッセージを与えられた場合により態度の変化が大きく、周辺ルートが取られやすい条件、メッセージを理解する時間が制限された場合や認知欲求の低い実験参加者の条件では、メッセージの内容以外の要因が説得の程度に影響することが示されている。

では、これらの心理学的研究の知見は、裁判員の判断について何を意味しているのだろうか。裁判員が法廷の内外で当該の事件に関して接する情報は、大量でかつ複雑である場合が多いだろう。これらの情報の中には、判断の際によって立つべき証拠も含まれるが、用いてはならないマスコミによる報道や世間の噂などもある。法廷内で接する情報でも、量刑判断には用いることができても有罪無罪の判断には用いてはならないものがあることは先にも論じた。情報が相互に矛盾し、どのように解釈すべきかが一意には定まらない場合もあるだろう。このようなことからシステム2による判断が困難である場合には、システム1による判断がなされる場合が多くなるかもしれない。その他、考える時間に制約があることや法律や裁判に関する知識を十分に持ってはいないことも、周辺ルートによる判断がなされやすくなる要因と考えられる。一方で、裁判員として選ばれ、被害者や被告人の人生や社会の秩序にとって重要な役割を担っているという意識は、中心ルートによる判断をするよう方向付けるかもしれない。裁判員を取り巻く環境は、裁判員の判断を中心ルートに向かわせるものもあれば周辺ルートに向かわせるものもあるようである。実際の裁判員裁判での裁判員の判断において、どちらのルートが取られやすいのかについては、さらに検討が必要であろう。

さらに、それぞれのルートによる判断が裁判員制度の中でどのような意味を持つのかについて考えてみよう。裁判員が中心ルートによる判断をしている場合、証拠に基づき合理的な判断がなされていると考えると問題はないように思われる。二重過程理論に関する心理学的な研究からは、周辺ルート（システム1）による思考は、場合によって認知バイアスにとらわれ、誤った結論を出してしまうことを示唆している。また精緻化見込みモデルに基づく説得研究では、周辺ルートをとった場合には、メッセージの発信者の特性など説得メッセージの内容以外の要因が被説得者の考え方に影響を与えることが示されているが、これを刑事裁判に当てはめると、証拠や証拠に関する議論の中身よりも、被告人、弁護人、検察官、被害者といった裁判に関係する人々の見かけや肩書きなどに判断が影響される可能性が指摘されている（たとえばMazzella& Feingold, 1994）。

このように裁判においては中心ルート（システム2）による判断が望ましく、周辺ルート（システム1）による判断には問題があると考えられる一方で、システム2による精密な思考よりもシステム1による直感的な思考の方が正しい判断をもたらすと主張している研究者も存在する（Gigerenzer, 2007）。さらに、裁判員制度の目的が、「一般市民の感覚を司法に」取り入れることだとするなら、周辺ルートによる判断こそが、裁判官による市民感覚から乖離した考え方にインパクトを与えるものだということもできるかもしれない。この問題についてはさらに議論を重ねる必要があるが、少なくとも周辺ルートによる判断を行うことの弊害は考えられるので、裁判員裁判の中で実際にこのような弊害が現れるのか、どうすれば弊害を避けることができるのか、などについての検討も必要であると考えられる。

第二章　実験的研究1　被害者遺族の意見陳述の影響

　ここからは、これまでの議論を踏まえて、われわれの研究室で行なった裁判員の判断と感情の関係に関する三つの実験的研究を紹介し、裁判員裁判の制度やその運用に対して、心理学からどのような貢献が可能であるのかについて考えていきたい。最初に紹介するのは、裁判員の有罪無罪の判断に感情を掻き立てるような情報、具体的には死体や傷口などの凄惨な写真や被害者の意見陳述がどのような影響を与えるのかに関する研究（Matsuo & Itoh, 2016. 以下、研究1とする）である。この研究は、われわれの研究室で行った裁判員の判断に及ぼす感情の影響についての初期の研究であり、続けて紹介する二つの研究の方法を説明する上でも重要なものであるので、少し詳しく紹介したい。われわれの研究について紹介する前に、凄惨な写真や被害者の意見陳述が陪審員の判断にどのような影響を与えるのかに関する海外の先行研究に触れておこう。

　裁判員裁判においてはさまざまな証拠や証拠以外の情報が提示される。これらの中には強い感情、特に怒りや悲しみ、嫌悪といったネガティブな感情を喚起するものも含まれる。たとえば、被害者や被害者の遺族が、いかに悲しく辛い思いをしたかを感情的に述べる被害者の意見陳述や、死体や傷口などの凄惨で生々しい写真などは代表的なものである。これらの証拠や情報は、多くの人の感情を揺さぶることが考えられる。特に法の素人であり、裁判に慣れていない裁判員は、これらの情報の影響を大きく受け、合理的な判断からずれた判断をしてしまう可能性がある。すなわちこれらの情報によってネガティブ感情が喚起され、その感情によって、提示されたすべての証拠を論理的に吟味し、また判断材料として排除すべき情報を適切に排除して、合理的な判断を行うことが困難になる可能性である。

凄惨な写真が裁判員の判断にどのような影響を及ぼすかについて検討した研究は、まだほとんど行われていない。ただし海外の陪審員の判断に関する研究では、少数ではあるが行われている。たとえばWhalen & Blanchard（1982）は、民事裁判を想定した研究で、カラー、もしくはモノクロで示された被害者の写真が損害賠償額の判断に及ぼす影響について検討した。実験参加者は、子供が空きビルで怪我をした事件で両親が空きビルのオーナーを訴えた民事裁判の記述を読んだ。実験参加者に子供の怪我を写した現場でのカラー写真かモノクロ写真が提示される条件、および写真が提示されない条件が設けられた。また、裁判の記述の内容については、被告のオーナーのビル管理の責任の度合い（重い、軽い、中程度）、および子供の怪我の程度（重い、軽い）が操作された。その結果、被告の責任が重い場合と中程度の場合において、カラー写真を見た条件においてのみ、参加者は怪我の程度が重い場合の賠償額を軽い場合の賠償額より高く判断した。Whalen & Blanchard はこの結果をカラー写真が感情を喚起したためと考察しているが、この研究では参加者の感情状態は測定されていないため、推測の域を出ていない。

Douglas, Lyon, & Ogloff（1997）は、刑事事件の模擬裁判実験を行い、凄惨な写真の提示の効果を検討している。彼らは実験参加者に殺人事件の裁判記録を提示した。この記録に含まれる証拠は状況証拠のみであって、有罪無罪の決め手になる情報はなかった。参加者は全員同じ裁判記録を読んだが、証拠の一部としてカラーの死体写真が提示される条件、モノクロの死体写真が提示される条件、写真が提示されない条件のいずれかに割り振られた。その後実験参加者は、有罪無罪の判断と感情状態についての質問への回答を求められた。その結果有罪判断をした者の割合は、カラー写真を提示された条件で五七・五%、モノクロ写真を提示された条件で五〇・〇%と、写真を提示されなかった条件の二七・五%を大きく上回った。感情状態に関しては、写真を見た参加者は、見ていない参加者に比べ悲しみ、怒り、復讐心、ショック、不安といった感情をより強く感じていた。また、これらの感情を強く感じたものほど、有罪と判断する傾向が強いことが示された。その他、ビデオや言語表現であっても、凄惨な様子を描いた情報の提示は、模擬陪審員の判断を有罪方向に導くことが示されている

（Bright & Goodman-Delahunty, 2006; Kassin & Garfield, 1991）。

　被害者や被害者遺族による意見陳述の影響はどうであろうか。被害者の意見陳述は、アメリカでは victim statement of opinion（VSO）、あるいは victim impact statements（VIS）と呼ばれている（以下、本書においてもVSOと呼ぶ）。これは被害者や被害者遺族が事件によって被った精神的、経済的な被害等について法廷で述べるものである。先に詳しく論じたように、被害の程度やそれに伴う被害者の感情は、被告人が犯人であるかどうか、被告人に犯意があったかどうかなどとは無関係である。それゆえVSOは量刑判断の際の判断材料とすることはできても、事実認定の証拠とすることはできない。しかし日本の刑事裁判においては事実認定と量刑の手続きが分離されておらず、VSOが示されてから裁判員を含む裁判体が有罪無罪の判断をする、という事態が生じる。一方、アメリカやカナダの陪審裁判では、事実認定と量刑の手続きが明確に二分化されており、陪審員は原則として有罪無罪の判断のみを行い、量刑は陪審が有罪の決定をした場合に、職業裁判官によって量刑判断のための法廷を改めて開き、審理を行う。VSOは被告人の有罪が決定した後、量刑を決める法廷において提示される。

　このような事情から、アメリカを中心とする海外の陪審員の判断を扱った研究ではVSOが有罪無罪の判断に及ぼす影響を検討したものはほとんどなく、量刑判断に及ぼす影響を検討したものがほとんどである。たとえば、Luginbuhl & Burkhead（1995）は、実験参加者にすでに殺人罪で有罪が決まった被告人の刑罰を終身刑とするか死刑とするかの判断を求めた。参加者は、二群に分かれて殺人事件の記述を読んだが、一方が読んだ事件は非常に凶悪なものであったが、他方が読んだ事件の凶悪さは中程度のものであった。いずれも実験が行われたノースカロライナ州の法律では死刑もしくは終身刑に相当する犯罪であった。その後、全ての参加者は量刑に関して厳罰を求める検察側の議論と寛大な刑を求める弁護側の議論の要約を読み、さらにそれぞれの群の半数は被害者の遺族によるＶＳＯ、すなわちいかに被害者の死が被害者の家族にとって衝撃が大きかったかについての意見陳述を読んだ。参加者はその後、陪審員であったなら死刑と終身刑のどちらに投票するかを回答したが、ＶＳＯを読んでいない条件では、死刑に投票した割合は二〇％であったのに対し、読んだ条件では五一％が死刑に投票していた。また、犯行がより凶悪な条件では死刑を選ぶ参加者の割合は高くなったが、犯行の凶悪さにかかわらずＶＳＯを読んだ場合に死刑を選択する割合は読まなかった場合に比べ高かった。すなわち、ＶＳＯは犯行の凶悪さにかかわらず、より厳しい刑罰を選択する方向に実験参加者に影響を与えたということができる。

Myers & Arbuthnot（1999）はＶＳＯが有罪無罪判断に与える影響を検討した数少ない研究の一つである。彼らの実験では、実験参加者は八～九名程度の陪審団のメンバーとして殺人事件の模擬裁判に参加し、評議を行い有罪無罪を判断した。ＶＳＯが有罪・無罪の判決に及ぼす影響は、陪審団単位で見ると有意ではなかったが、評議後の個人の判断においてはＶＳＯに接した参加者の方が被告人を有罪と判断する傾向は低かった。有罪判断をした参加者の中で、量刑判断についてＶＳＯの効果を見ると、ＶＳＯに接した参加者の方が接していない者に比べて厳しい判断をしており、死刑と判断した割合も多かった。この実験結果では、ＶＳＯは模擬陪審員の有罪判断の率を低くすることを示しているが、この傾向を一般化するにはＶＳＯの事実認定に対する影響についてさらに実験を重ねる必要がある。

以上概観したように、海外における陪審研究ではＶＳＯが陪審員の判断に与える影響についてはあまり研究されていない。これは刑事裁判において陪審員が有罪無罪の判断を行う際にＶＳＯが提示されることが原則的にはないためと考えられる。一方日本においては、手続きが二分化されていないため現実の裁判においてもＶＳＯが他の証拠と並んで有罪無罪判断に先立って提示されるため、ＶＳＯが裁判員の有罪無罪判断に及ぼす影響の検討は非常に重要である。

ＶＳＯや凄惨な写真は、いずれも感情を喚起させる情報と見なされているが、これらが陪審員や裁判員の判断に影響を与える際には、やはり感情の影響が介在していると考えられている。感情が判断に与える影響については、記憶における気分一致効果、あるいは情報としての感情仮説によって説明される場合が多い（Forgas, 1994）。気分一致効果（あるいは感情プライミング）による説明では、感情状態は記憶されている情報の中でその感情と関連づけられた情報を活性化させ（Bower, 1981）、活性化された情報に基づいて判断がなされるため判断に歪みが生じると考える。裁判においては、たとえば、ＶＳＯや写真によって喚起されたネガティブな感情が、被告人についての情報の好ましくない側面を思い出させ、それらが被告人に対する見方を有罪方向に動かすと考えるのである。一方、情報としての感情仮説では、喚起された感情が判断のための材料として用いられる結果、判断が影響されると考える（Clore, Schwarz, & Conway, 1994; Schwarz, & Clore, 1983）。たとえば、自分が怒りを感じているのは被告人が悪い人物であるためであると無意識的に考え、被告人を有罪と判断しがちになる、などである。

刑事裁判においては、接している者にとってネガティブな感情を喚起させるような情報が多く提示されると考えられる。実際にこのことを示す心理学実験の結果も報告されている。たとえば、陪審員の役割で実験に参加した実験参加者が凄惨な写真に触れることで怒りや嫌悪感を喚起されることが示されている（Bright & Goodman-Delahunty, 2006; Douglas, Lyon, & Ogloff, 1997）。また、ＶＳＯに触れることが模擬陪審員にネガティブな感情、特に怒りを喚起させることを示す研究も、数は多くはないが、報告されている（Paternoster & Deise, 2011 など）。これらの先行研究を踏まえ、われわれは模擬裁判員実験において、凄惨な写真や被害者の意見陳述に触れることによって、裁判員役の実験参加者に怒りなどのネガティブ感情が喚起されるか、また有罪無罪の判断が影響を受けるのかについて実験的に検討した。

1 方法

研究1の実験には、実験参加者として東京都内の一八歳から四八歳の大学生一二七名（平均年齢二〇・八歳）が参加した。うち三八名が男性、八九名が女性であった。実験参加者には謝礼として一〇〇〇円が支払われた。実験デザインは、凄惨な写真の提示の有無およびVSOの提示の有無を参加者間要因とする2×2の計画であった。実験参加者はランダムに四つの実験条件のいずれかに割り当てられた。

実験の手続きは以下の通りであった。実験参加者はまず、感情状態を測定するための質問紙であるJUNASに回答した。続いてある架空の殺人事件の裁判の概要を視聴した。裁判概要の提示に際しては、条件によって死体の写真が提示されるもの、されないもの、被害者の父親による意見陳述（VSO）が提示されるもの、されないものが用意された。裁判概要の視聴ののち、実験参加者はふたたびJUNASに回答したのち、裁判員として被告人を有罪と判断するか無罪と判断するかなど、裁判についての質問紙に回答した。以下、それぞれの課題について詳細に説明する。

JUNAS（jurors negative affect scale）は、Bright & Goodman-Delahunty（2006）において模擬陪審員に対する凄惨な写真提示の影響を調べるために用いられた質問紙で、陪審員が裁判において経験しがちなネガティブな感情を測定するものである。回答時の感情の状態を尋ねる三〇項目の質問に対して五段階（1：まったく当てはまらない〜5：非常に当てはまる）で回答を求める。三〇の質問項目は、怒り（たとえば「怒っている」、「敵対的な」）、悲しみ（「悲しい」、「みじめな」）、嫌悪（「うんざりした」、「反発的」）、恐れ／不安（「恐れている」、「不安定な」）の四つのカテゴリーに別れ、四つの下位得点が算出される。本研究においては、裁判概要の提示の前後に一回ずつ回答してもらい、感情の変化を調べたが、同じ三〇の質問項目の出現順序をランダムに並べ替えて用いた。

裁判概要は、南山大学法律学研究会が作成した殺人事件の公判台本を基にして作成した。病気で働けず浮浪者生活を送っている被告人が、暮らす場所と食べ物を得るために刑務所に入る目的で通り魔殺人を犯したとされる事件で、被告人は、一度は犯行を自白したものの後に否認に転じて無罪を主張している設定とした。証拠は間接証拠（状況証拠）のみで、検察側の証拠は被告人を有罪とするには証明力の弱いものばかりであり、また弁護側の証拠も被告人の無罪を完全に証明するものではなかった。裁判概要は、パワーポイントのスライドに文字提示するとともに、男性ナレーターによる同じ内容の朗読の録音が提示された。凄惨な写真は、被害者役のモデルの腹部などに特殊メイクを施して撮影したカラー写真六枚を使用した。これらは事件現場で倒れている被害者の全身の写真や刺し傷のアップなどを含み、写真あり条件で、裁判概要の提示の最中に提示された。VSOは、被害者の父親によるものという設定で、被害者家族がいかに辛い思いをしているか、被告人にいかに憤りを感じているかなどの感情や、被害者の学生生活や将来の夢が述べられていた。VSOあり条件では裁判概要の終盤に被害者の生前の写真のスライドと共に提示された。裁判概要の提示時間は、VSOありが二三分、VSOなしが二〇分であった。

裁判についての質問紙では、被告人の有罪無罪についての裁判員としての判断、有罪の場合には量刑（死刑か、無期懲役か、有期の場合懲役何年か）、有罪無罪の判断についての確信度（1＝絶対無罪、10＝絶対有罪）、被告人が真犯人である可能性（〇％～一〇〇％）、検察の提示した証拠の証明力（1＝非常に弱い、10＝非常に強い）について回答を求めた。また、写真あり条件では、写真の衝撃の程度について（1＝まったくショックでない、10＝非常にショック）回答を求めた。

表1　研究1における有罪／無罪判断の人数（括弧内は有罪判断率%）
（Matsuo & Itoh（2016））

	写真あり	写真なし	合計
VSO あり	22/ 6（78.57）	20/ 8（71.43）	42/14（75.00）
VSO なし	19/ 9（67.86）	13/15（46.43）	32/24（57.14）
合計	41/15（73.21）	33/23（58.93）	74/38（66.07）

2　結果

一二七名中、一五名の実験参加者の質問紙に未回答の項目があったため分析から除外し、一一二名のデータを分析の対象とした。有罪無罪の判断の割合について見ると、全体では有罪判断が七四名（六六%）、無罪判断が三八名（三四%）であった。各条件における有罪無罪の判断数、および有罪判断率を表1に示す。ＶＳＯの有無、凄惨な写真の有無を予測変数、有罪無罪の判断を目的変数としてロジスティック回帰分析を行ったところ、これらの有意な効果が検出された（$\chi^2(2, n = 112) = 6.68, p < .05$）。四群間の有罪判断率についてカイ二乗検定を行った結果、有意差が見られた（$\chi^2(3, n = 112) = 7.17, p < .05$）。ＶＳＯの有無と有罪無罪判断、写真の有無と有罪無罪判断の関連についてそれぞれカイ二乗検定を行ったところ、ＶＳＯの有無との関連は有意（$\chi^2(1, n = 112) = 3.98, p < .05$）であったのに対し、写真の有無との関連は有意傾向にとどまった（$\chi^2(1, n = 112) = 2.55, p < .10$）。ＶＳＯの提示は、全体として有罪判断率を五七・一

四％から七五・〇〇％へ一七・八六％増加させ、凄惨な写真の提示がない場合の単独の効果としては、四六・四三％から七一・四三％へ二五・〇〇％増加させている。一方凄惨な写真の提示の効果は、全体として五八・九三％から七三・二一％へ一四・二八％の増加であり、ＶＳＯの提示がない場合の単独の効果としては、四六・四三％から六七・八六％へ二一・四三％であった。これらの結果から、ＶＳＯや凄惨な写真の提示は模擬裁判員の有罪判断率を押し上げたと考えられるが、その効果は写真に比べＶＳＯの提示で大きいことが示唆されよう。

有罪判断を下した実験参加者について、量刑をどのように判断したかについて見ると、死刑と回答したものの割合は、ＶＳＯあり条件で三三％、ＶＳＯなし条件では一六％とＶＳＯに接した場合に厳しい判断がされることが示された。

被告人が真犯人である可能性、検察側の証拠の証明力、有罪無罪判断についての確信度について二要因の分散分析を行った。その結果、被告人が真犯人である可能性に有意なＶＳＯ提示の効果が見られ（$F(1,108) = 6.28, p<.05, \eta^2 = .06$, ＶＳＯあり条件：$M = 7.20, SD = 2.04$, ＶＳＯなし条件：$M = 6.13, SD = 2.44$）、検察側の証拠の証明力に対するＶＳＯ提示の効果が有意傾向であった（$F(1,108) = 3.26, p < .10, \eta^2 = .03$, ＶＳＯあり条件：$M = 6.77, SD = 2.00$, ＶＳＯなし条件：$M = 5.98, SD = 2.55$）。有罪無罪判断についての確信度に関しては有意な効果は検出されなかった。これらの

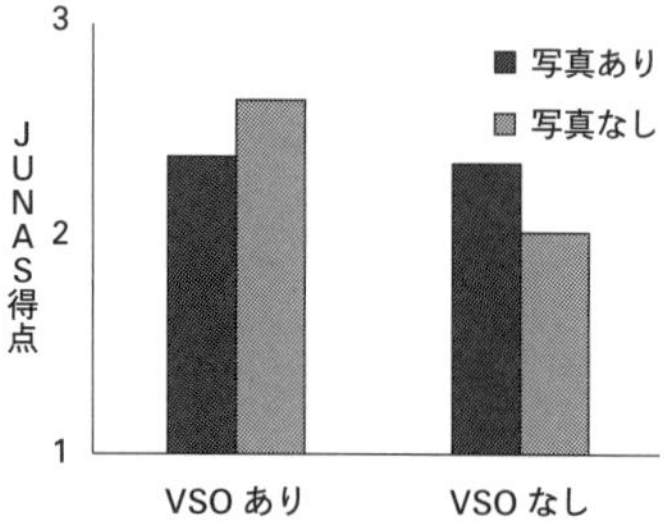

図 1　研究 1 における条件毎の JUNAS 総合得点（Matsuo & Itoh (2016)）

結果は、ＶＳＯの提示が模擬裁判員の被告人の犯人性に対する判断や証拠の評価に影響を与えていることを示すものと考えられる。

次に裁判概要に接すること、およびＶＳＯや写真の有無が模擬裁判員の感情にどのような影響を与えたのかについて分析する。まず、ＪＵＮＡＳの全体得点について、裁判概要提示の前後で比較したところ、裁判概要を提示される前（$M = 1.56, SD = .51$）に比べ提示された後（$M = 2.35, SD = .81$）の方が有意に高かった（$t(111) = -10.70, p < .001, d = 1.17$）。したがって、裁判概要に触れることによって模擬裁判員のネガティブな感情が強くなったことが示された。概要提示後のＪＵＮＡＳの全体得点について、ＶＳＯと写真の有無を被験者間要因とする二要因の分散分析を行ったところ、ＶＳＯの有意な効果が検出された（$F(1, 108) = 4.56, p < .05, \eta^2 = .04$, ＶＳＯあり：$M = 2.51, SD = .79$, ＶＳＯなし：$M = 2.19, SD = .80$）。写真の有無の効果は見られなかった（$F(1, 108) = .04, ns$, 写真あり：$M = 2.36, SD = .85$, 写真なし：$M = 2.33, SD = .77$）。ＶＳＯの有無と写真の有無の間の交互作用に有意傾向が見られ（$F(108) = 3.88, p < .10, \eta^2 = .04$）、ＶＳＯの効果は写真の提示がない場合にのみ見ら

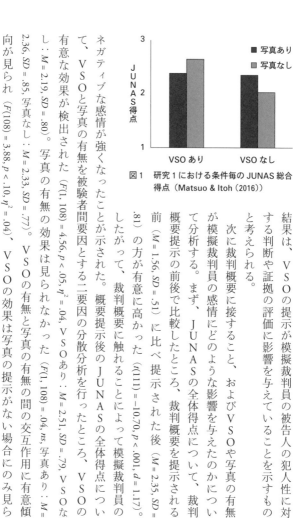

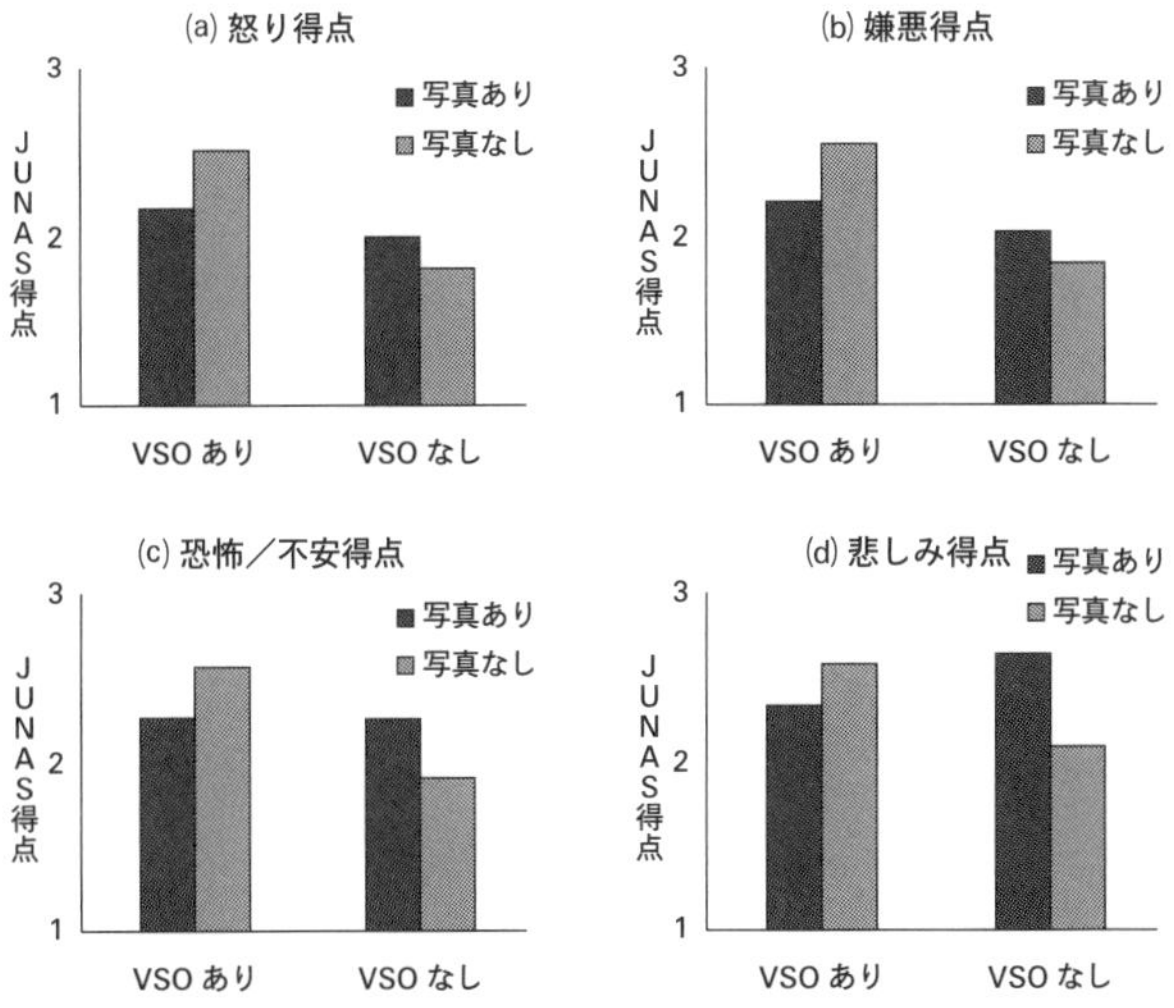

図 2　研究 1 における条件ごとの JUNAS 下位得点
（Matuo & Itoh（2016）より作成）

れた（図1）。

図2に条件ごとの裁判概要提示後のJUNASの四つの下位得点を示す。これらの下位得点について多変量分散分析を行ったところ、VSO提示の主効果とVSOと写真の提示の交互作用が有意であった（それぞれ $F(4,105) = 3.42$, $p<.05$, $\eta^2 = .12$ と $F(4.105) = 2.84$, $p < .05$, $\eta^2 = .10$）。写真提示の主効果は有意ではなかった（$F(4.105) = .89$, *ns*）。それぞれの下位得点について単変量の分散分析を行なったところ、怒り得点、嫌悪得点、恐れ／不安得点でVSO提示の主効果が検出された（それぞれ $F(1, 108) = 6.99$, $p < .01$, $\eta^2 = .06$; $F(1, 108) = 4.53$, $p <$

$.05, \eta^2 = .04$; $F(1, 108) = 5.09, p < .05, \eta^2 = .05$）。悲しみ得点ではＶＳＯ提示の効果は見られなかった。また、恐れ／不安得点と悲しみ得点でＶＳＯと写真提示の交互作用が検出された（それぞれ $F(1, 108) = 4.61, p < .05, \eta^2 = .04$; $F(1, 108) = 5.37, p < .05, \eta^2 = .05$）。いずれにおいても、写真提示ありの条件ではＶＳＯの効果は見られなかったが、写真提示なし条件ではＶＳＯに接した場合に得点が高かった。さらに悲しみ得点ではＶＳＯ提示がない場合に、写真提示あり条件で、なし条件より得点が高かった。

　以上のように、裁判概要に接することで模擬裁判員のネガティブな感情が高まったこと、ＶＳＯに触れることがネガティブな感情、特に怒り、嫌悪、恐れ／不安を高めたことが示された。また、今回の実験では死体の写真を見ることの効果はあまりはっきりしなかったが、ネガティブ感情を高めることが示唆された。また、先の分析でＶＳＯの提示が模擬裁判員の有罪判断率を増加させることも示されている。では、これらのネガティブ感情は模擬裁判員の有罪無罪の判断とはどのように関わるのだろうか。これを検討するために、階層的ロジスティック回帰分析を行った。

　まずＶＳＯ提示の有無を予測変数、有罪無罪の判断を目的変数として分析を行ったところ、有意な効果が見られた（$B = .81$, $Wald = 3.91$, $p < .05$）。次に予測変数に裁判概要提示後のＪＵＮＡＳの全体得点を投入したところ、この効果は有意ではなく（$B = -.13$, $Wald = 0.24$, *ns*）、ＶＳＯ

の効果は有意傾向となった（B = .77, $Wald$ = 3.43, p < .10）。これらの結果は、ＶＳＯ提示はネガティブな感情の喚起を介して模擬裁判員の有罪無罪判断に影響を与えるのではなく、直接的に影響を与えていることを示唆するものである。

3　考察

本研究では、模擬裁判実験において裁判概要とともにＶＳＯや凄惨な写真を提示することが模擬裁判員の有罪・無罪判断やネガティブ感情に及ぼす影響を検討した。裁判概要に触れることによって模擬裁判員のネガティブ感情は高くなったが、裁判概要に触れた後のネガティブ感情は、ＶＳＯを提示された場合に提示されなかった場合より有意に高かった。また、ＶＳＯが提示された場合には模擬裁判員の有罪無罪判断は有罪方向に傾き、ＶＳＯが提示されなかった場合に比べ有罪判断率は有意に高くなった。さらにＶＳＯあり条件では、ＶＳＯなし条件に比べて、死刑を選択する模擬裁判員の割合は多かった。

一方、凄惨な死体の写真が有罪無罪判断に及ぼす効果は有意傾向にとどまり、裁判概要提示後のネガティブ感情に対する影響も有意ではなかった。これらは Bright & Goodman-Delahunty（2006）や Douglas, *et al.*（1997）などの先行研究の結果と一貫しない結果といえる。

本研究で用いた写真は、モデルに特殊メイクを施すことによって腹部に刺し傷のある刺殺死体に見えるように撮影したものであった。写真あり群の参加者に、実験後に提示された写真の衝撃度について一〇段階で尋ねたところ、五六名中四一名が、6以上を回答した、すなわち大半の参加者が写真に対して衝撃を感じていたことが示されている。それにもかかわらず、有罪無罪判断においての写真の効果が有意傾向にとどまり、裁判概要提示後のネガティブ感情に対して有意な効果が得られなかったことについては、以下のような理由が考えられる。

まず、先行研究では実際の裁判で使用された本物の死体写真などが用いられていた（Bright & Goodman-Delahunty, 2006; Douglas *et al.*, 1997）のに対し、本研究では特殊メイクによる作り物であったことがあげられる。このため写真自体の衝撃度が先行研究のものほど高くなかった可能性がある。また、テレビの報道番組などでも死体の映像が放映される諸外国とは異なり、死体の映像が目に触れることがタブー視されている日本の文化の中では、心理学の実験で用いられる死体の写真に現実感が感じられなかった可能性も指摘される。つまり、心理学の実験で本物の死体写真を用いることは許されないであろうという感覚から、提示された写真が作り物であると考えられた可能性である。凄惨な死体写真が裁判員の感情や有罪無罪判断、量刑判断に及ぼす影響については、本実験の結果のみからあまり大きな効果はないと結論することは性急であり、さらに検討を重ねる必要があるものと考えられる。

本研究において、ＶＳＯの提示は模擬裁判員のネガティブ感情を喚起させ、また有罪判断率を高くした。われわれはこれらの間の関係について、ＶＳＯの提示がネガティブ感情を喚起させ、ネガティブ感情が有罪判断率を高くする、という因果関係を考えていた。しかし、媒介分析の結果からはこの考えに否定的な結果が得られた。すなわち、実験結果からはＶＳＯの提示がネガティブ感情の媒介なしに直接的に有罪無罪判断に影響を及ぼしていることが示唆されたのである。この点に関しても Douglas, *et al.*（1997）などとは一貫しない分析結果といえよう。この問題については、のちに紹介する研究でも触れているが、さらにデータを積み重ねて検討する必要があるであろう。

本研究では、ＶＳＯと凄惨な死体写真という裁判員の感情を掻き立てる可能性が高い情報を提示することが模擬裁判員の感情と裁判員としての判断にどのような影響を与えるかを実験的に検討した。その結果、有罪無罪の判断に対しては、死体写真の提示に関しては統計的に有意傾向にとどまったが、ＶＳＯや死体写真の提示が裁判員の有罪判断率を上昇させる可能性が示唆された。本研究の実験で用いた裁判概要では、被告人の有罪を証明する強力な証拠が存在しておらず、ＶＳＯも死体写真も提示されない条件における有罪判断の率は四六・四三％にとどまっていた。これは評議を経ない段階での判断の割合ではあるが、過半数をもって裁判体としての判断がなされる日本の裁判員制度においては、無罪判決が得られる可能性が高いことを意味している。しかし、ＶＳＯ、死体写真のいずれかが提示された場合には有罪判断率が五〇％を超えており、両方が提示された場合には七八・五七％と五〇％を大きく超えている。

ＶＳＯも死体写真も、通常は犯罪による被害の大きさや犯行の残虐さなどを考慮し量刑を判断する際に用いられる証拠と考えられ、被告人が犯人であるかなどとは無関係のものであり、事実認定には用いることができないものと考えられる。それにもかかわらずこれらの情報の提示が、場合によっては裁判体としての判断を無罪から有罪にしてしまうような影響力を持つことが示唆された。裁判員としての判断の仕方や、用いるべき、あるいは用いてはならない証拠についての説示など、あるいは判断が持つ影響力（実験では有罪判断をしても実際に被告人が刑を受けることにはならない）など実験と実際の裁判の相違点は多々あるものの、この結果は、これらの感情を掻き立てるような情報の扱いには慎重になる必要があることを示しているといえよう。

第三章　実験的研究２　説示の影響

第二章の研究１（Matsuo & Itoh, 2016）では、ＶＳＯや死体写真などのネガティブ感情を喚起するような情報、特にＶＳＯが裁判員の有罪無罪判断を有罪方向に歪める可能性があることが示された。しかしこの研究では、実際の裁判では何らかの形で与えられる説示が実験参加者に与えられていなかった。疑わしきは被告人の利益に、あるいは有罪立証の責任は検察側にあり、弁護側に無罪を立証する必要がないことなどの刑事裁判における一般的な原則を裁判員に説明することによって、ＶＳＯなどの不適切な影響を取り除くことはできるのだろうか。あるいはさらにＶＳＯに的を絞って、有罪無罪の判断にＶＳＯを使うことはできないことを明示的に説明することによって、ＶＳＯの影響をなくすことができるのだろうか。ここでは、この問題を取り扱ったMatsuo & Itoh（2017）の研究（以下、研究２とする）を簡単に紹介する。

この研究では、模擬裁判員に刑事裁判における判断の仕方についての一般的な説示、あるいはＶＳＯの用い方についての説示（特定の証拠に限定して行う説示、limiting instruction　ここでは「限定的説示」と呼ぶ）を与えることがＶＳＯの提示によって上昇した模擬裁判員の有罪判断の率を低下させるのかを検討した。さらにこの研究では、二重過程理論の第一章6節で触れた模擬裁判員の認知欲求の高低が、説示を与えることの効果とどのように関連するのかについても併せて検討を行った。一般的説示であれ限定的説示であれ、刑事裁判においてどのような材料に基づいて判断をすべきであるのか、どのような材料は判断の材料としてはならないのかについて述べている。説示の内容を適切に理解し、それに従った判断が可能であるならば、被告人の有罪無罪とは本来関係のないＶＳＯを有罪無罪の判断材料から除外することになると考えられる。ただしこのことが可能であるためには、裁判概要や教示の内容を適切に理解し、適切に用いるために精緻化見込みモデル（Petty & Cacioppo, 1984; 1986）のいう中心ルート（システム2）の働きが必要であろう。合理的に考える傾向が強い、すなわち認知欲求が高い模擬裁判員においては、中心ルートにより説示を適切に理解して、用いるべき材料のみを用いた判断がなされるであろうが、認知欲求が低い裁判員においては、周辺ルートによる直感的な判断が行われ、その場合にはＶＳＯを有罪無罪の判断の材料としてしまうといった不適切な判断が行われるかもしれない。

以上を考慮し、この研究では以下のような仮説を設定して検討を行うこととした。(1)裁判概要の提示の際にＶＳＯを提示された模擬裁判員に説示を提示することによって、有罪判断率は減少する。(2)説示による有罪判断率の減少は、模擬裁判員の認知欲求が高い場合には大きく、低い場合には小さい。

1 方法

本研究では独立変数として説示の与え方を操作し、一般的説示と限定的説示の両方を与える条件、一般的説示のみを与える条件、説示を与えない条件の三水準を設定した。また実験参加者の認知欲求尺度得点を測定し、独立変数とした。実験参加者は、東京および近郊に住む二〇代から七〇代の成人一五〇名（男性七八名、女性七二名、平均年齢四六・九四歳、SD 13.42）で、謝礼として一〇〇〇円が支払われた。実験参加者はランダムに三つの条件のいずれかに割り当てられた。VSO提示の有無は操作せず、全員にVSOが提示された。実験の手続きは先に紹介した研究1とほぼ同様であった。実験の最初に、全参加者が認知欲求尺度質問紙（神山・藤原, 1991）に回答した。裁判概要の提示の前後にその時点での感情状態を測定するためにJUNASに回答し、その後裁判員としての判断を尋ねる質問紙に回答した。説示が提示される二つの条件では、裁判概要提示の前後（事前のJUNASの後と事後のJUNASの前）に説示が与えられた。審理の前後に二回の説示が与えられることは、日本においても海外においてもあまり一般的ではないが、模擬裁判員に説示をよく理解してもらい、説示の効果を十分なものにするために行われた（Bourgeois, Horowitz, ForsterLee, & Grahe, 1995; Smith, 1991）。

実験で用いられた裁判概要、VSO、事後の質問紙は研究1とほぼ同じものであった。JUNASについても同じ項目が用いられたが、回答は五段階から七段階に変更した。認知欲求尺度質問紙は、Cacioppo & Petty（1982）が作成したものを神山と藤原が日本語化したもの（神山・藤原, 1991, 第一章6節も参照）を使用した。

裁判員への説示として、一般的説示と限定的説示の二種類を用意した。一般的説示は裁判員の参加する刑事裁判に関する法律（裁判員法）三九条の「裁判員及び補充裁判員の権限、義務その他必要な事項」の説明についての法務省による例示から抜粋した四項目を平易な言い回しで表したものを用いた。四項目の概要は以下の通りである。(1)被告人は有罪が確定するまでは無罪と推定される（推定無罪）。(2)被告人を有罪とするには、合理的な疑いを差し挟む余地のない程度の立証が必要である（合理的疑いを超える証明）。(3)有罪を立証する責任は検察官にあり、被告人は無罪を証明する必要はない（検察官の立証責任）。(4)事実認定は証拠のみによらなければならない（証拠のみによる判断）。限定的説示としては、VSOは被告人が犯人であるかどうかとは無関係であり、有罪無罪の判断には用いてはならない、という内容のものを用意した。一般的説示＋限定的説示条件（以下、一般＋限定条件と呼ぶ）では四つの一般的説示に続けて限定的説示が提示され、一般的説示のみ条件（以下、一般のみ条件）では一般的説示の四項目のみが提示された。説示なし条件では説示の提示はなかった。

2 結果および考察

一五〇名の実験参加者のうち有罪判断をしたものは九六名、無罪判断をしたものは五四名で、有罪判断率は六四％であった。有罪判断率を説示条件別に見ると、一般＋限定条件では六四％、一般のみ条件では六〇％、説示なし条件では六八％であった。説示条件と認知欲求得点を予測変数、有罪無罪の判断を目的変数としてロジスティック回帰分析を行なった結果、説示条件の効果は有意ではなかったが（$\chi^2(2, n = 150) = 0.94, p = .63$）、認知欲求得点の効果が有意で（$\chi^2(1, n = 150) = 10.03, p = .002, \hat{v} = .26$）、認知欲求得点が高いほど有罪判断は少なくなった。交互作用は有意ではなかった（$\chi^2(2, n = 150) = 0.93, p = .63$）。説示条件ごとに認知欲求得点と有罪無罪判断の関係を図3に示す。全体的に認知欲求得点が高くなると無罪判断が多くなる傾向が見られるが、この傾向は特に一般＋限定条件において顕著である。これは特に認知欲求得点が七〇点台以上の実験参加者において、一般＋限定条件では無罪判断が有罪判断を上回っていることによるものと考えられる。説示条件ごとにロジスティック回帰分析を行うと、

無罪		有罪
葉	幹	葉
一般＋限定条件		
4	4	2
7	5	3555666677899
950	6	003344677
99877610	7	244568
7321	8	2
3	9	12
一般のみ条件		
7	4	69
11	5	012357789
99997	6	0244699
87332110	7	011222379
6330	8	2
	9	02
説示なし条件		
	4	58
4	5	0122334566777889
766654420	6	1133688
8440	7	1369
2	8	148
0	9	35

図 3　研究 2 における説示条件ごとの認知欲求得点と有罪無罪判断の関係
（幹葉図の幹の数字は認知欲求得点の10の位を、葉のそれぞれの数字は 1 の位を表す）（Matsuo & Itoh（2017））

一般＋限定条件においてのみ、認知欲求得点が高いほど無罪判断が多くなるという関係が見られた。

これらの結果は以下のことを示すものと考えられる。まず、全体的に見ると説示はＶＳＯの効果を押さえて有罪判断率を低くする十分な効果は持たない。ただし、認知欲求得点の高い実験参加者、すなわち材料を吟味してよく考える傾向の強い実験参加者は、一般的説示に加えてＶＳＯに関する限定的な説示を十分に理解して証拠を評価し判断を行ったため有罪判断が少なくなったのであろう。すなわち、説示の効果は認知欲求の高い者にのみ限定的に見られた、ということができよう。ＶＳＯに関する限定的な説示が与えられなかった条件においても、認知欲求得点が高い実験参加者はしっかりと証拠を吟味し、無罪判断をする傾向があるのかもしれないが、今回の実験では、限定的な説示が与えられなかった場合には認知欲求得点の有意な効果は得られておらず、認知欲求得点と有罪無罪の判断との一般的な関連は見出されなかった。

本実験においては、有罪無罪判断などの質問に回答してもらったのちに、その判断の根拠とした情報について尋ねたが、一五〇名中二六名（一七・三三％）がＶＳＯを根拠としたと回答した。説示条件別に見ると、一般＋限定条件が九名、一般のみ条件が六名、説示なし条件が一一名であった。ロジスティック回帰分析を行ったところ説示条件の効果は有意ではなかったが（$\chi^2(2, n = 150) = 3.46, p = .18$）、認知欲求得点に有意な効果が見られた（$\chi^2(1, n = 50) = 5.56, p = .02, \hat{v} = .19$）。説示条件別に分析すると、認知欲求得点の効果は一般＋限定条件でのみ有意にＶＳＯを根拠とすることと関連しており（$\chi^2(1, n = 50) = 9.33, p = .002, \hat{v} = .43, B = -.12, Wald\ \theta = 6.03, p = .014$）、得点が高いほどＶＳＯを根拠としない傾向が見られたが、一般のみ条件、説示なし条件では有意な関連は見られなかった（$p > .10$）。これは、ＶＳＯについての限定的な説示が与えられると、認知欲求が高く説示をしっかり理解しようとする傾向が強いものは説示に適切に従い、ＶＳＯを有罪無罪の判断に用いないことができたと考えられる一方、認知欲求が低いものは、ＶＳＯを有罪無罪の判断に用いないように、という説示を受けると、かえってＶＳＯを根拠として用いてしまう傾向があることをも示唆している。

次に、説示条件、認知欲求と感情との関連を検討する。本研究では、ＪＵＮＡＳとは別に、被害者に対する同情の程度と被告人に対する怒りの程度に関する質問に回答するよう求めている。このうち被害者に対する同情については、重回帰分析の結果、説示条件、認知欲求得点と有意な関連は見られなかった（いずれも$p > .10$）。一方被告人に対する怒りについては、説示条件、認知欲求得点との関連が有意であった（$R^2 = .10, F(3, 146) = 5.14, p = .002, \eta^2 = .10$）。認知欲求得点が高いほど被告人に対する怒りの程度は低くなり（$B = -.03, \beta = -.21, p = .01$）、一般＋限定条件において一般のみ条件より怒りの程度が高い（$B = .85, \beta = .25, p = .007$）ことが示された。認知欲求得点と有罪無罪得点との間に有意な関連があり、被告人に対する怒りとも有意な関連が見出されたため、怒りが前者の関係を媒介しているかどうかを検討したところ、部分的に媒介している事が明らかになった。認知欲求が高いと説示や証拠を合理的に理解、評価するため有罪判断率が低くなると同時に、認知欲求が高い実験参加者は裁判概要に触れても被告人に対して強い怒りを感じないために有罪判断率が低くなるものと考えられる。

第四章　実験的研究3　感情の役割と感情制御

先に見てきた第二章の研究1では、証拠がすべて弱く間接的である裁判概要を用いた模擬裁判員実験において、被害者遺族による意見陳述（VSO）が模擬裁判員のネガティブな感情を高め、有罪判断を増加させることが示された。ただしこの実験においては、VSOの提示が怒りなどのネガティブ感情を引き起こし、それが有罪判断を増加させる、という仮説は支持されなかった。一方、第三章の研究2においては、ほぼ同一の裁判概要を用いて実験を行い、刑事裁判における考え方を示した一般的な説示や、VSOは被告人の有罪無罪を示すものではないので有罪無罪判断の根拠にしないように、というVSOの用い方に限定した説示（限定的説示）の効果が、認知欲求が高い、すなわち証拠などの情報を十分に吟味して合理的に判断する傾向の強い模擬裁判員に対してのみ見られ、認知欲求が低い、直感的に判断をする傾向が強い模擬裁判員にはかえってVSOの有罪無罪の根拠としての使用を促してしまうような逆説的な効果がありうることが示された。またこの研究では、認知欲求の高低が有罪無罪の判断と関連することが示されたが、この関連が部分的に被告人に対する怒りの感情によって媒介されることが示された。すなわち、認知欲求が低い模擬裁判員ほど裁判概要に触れた際に被告人に対して怒りを感じること、被告人に対する怒りが有罪判断率を増加させることが示唆されたのである。

次に紹介する実験的研究[1]（研究３）は、これらの実験の結果を受けて以下のような目的で行ったものである。⑴ＶＳＯ提示のネガティブ感情への影響、および有罪無罪判断への影響は、異なった事案においても見られるのかを確認し、これらの影響の一般性を検討する。⑵裁判概要やＶＳＯの提示がどのようなネガティブ感情を喚起させるか、それらの感情が模擬裁判員の判断にどのように影響するかを検討する。⑶説示を与える、説明責任を課すといった感情を掻き立てる情報の影響を取り除きネガティブ感情を緩和する可能性が示唆される（綿村, 2011）実験操作が、模擬裁判員が裁判概要などに接した際にネガティブ感情の喚起を抑制する事ができるか、またそれが模擬裁判員の判断に影響を与えるかについて検討する。また本研究では個人の感情状態と関連すると考えられるいくつかの個人特性についても取り上げ、裁判員としての判断とどのように関連するかについて検討を行った。

1　方法

人材派遣会社を通して集めた二〇代〜六〇代の男女一二〇名（男性六一名、女性五九名、平均年齢三七・三八歳）が模擬裁判員として実験に参加した。実験計画は、説示・説明の有無（説示・説明・なし）とVSOの有無（あり・なし）を要因とする3×2の計画であった。実験参加者は六群のいずれかに男女比、年齢構成がほぼ均等になるように割り当てられた。

裁判概要は、実際の事件を参考に作成した裁判ビデオ（北蒲アパート殺人被告事件一審再現ビデオ、伊東裕司研究室で作成。なお事件名は架空のものである）を使用した。事件は、アパートの隣室に住む姪の部屋に包丁を持って押し入った男を、叔父が奪った包丁で刺殺したというもので、実際の裁判では正当防衛が認められ無罪となった事件に基づいている。検察官、弁護人による冒頭陳述に続く、裁判官による公判前整理手続きの結果の説明の中で、正当防衛が成立するか否かが第一の争点であること、正当防衛が成立するための要件などが説明されている。この実験材料は、先に紹介した二つの研究で用いられた裁判概要と以下の点で異なっている。まず、本研究の事案では被告人が被害者を刺して死に至らしめたことは争っていない。有罪か無罪かは被害者を刺したのが被告人か否かではなく、正当防衛が認められるかどうかに依存している。また、先の事案では、被害者は何の落ち度もない希望に満ちた女子学生であったが、本研究の事案では女性のアパートに刃物を持って押し入った男が被害者であり、場合によっては加害者になったかもしれない人物であった点も大きく異なる。また、裁判概要を模擬裁判ビデオの形で提示した点も前の研究と異なる点である。ビデオはVSOなしのバージョンと、被害者の母親による、悲しみの感情を前面に出して、被害者の良い性向と自身の悲しみと事件の理不尽さを訴えるVSOを挿入したバージョンが用いられたが、VSOの部分も役者に感情を表に出して演じてもらったものであった。ビデオの長さは、VSOなしバージョンで三二分三〇秒、VSOあり条件で三七分一三秒であった。

　実験参加者のネガティブ感情や怒りに関する傾向を測定する尺度として、以下の三つの尺度が用いられた。一つは、伊藤と上里（2001）によるネガティブな反すう尺度一四項目である。「一日中ずっと、嫌なことばかりを考え続けることがある」「何日もの間、嫌なことを考えるのに没頭することがある」などからなり、1（あてはまらない）～6（あてはまる）の六段階で回答を求めた。評定値は1～6点で、値が高いほど反すう傾向が強いことを意味する。ネガティブな反すう傾向とは、否定的、嫌悪的なことを長期にわたり繰り返し考える傾向を意味し、抑うつと強い関連を持つとされている。二つ目は、渡辺・小玉（2001）によって作成された、怒り喚起・持続尺度のうち、怒りの持続しやすさ尺度八項目（「むかついたときのことを思い出すと、平静ではいられない」「自分をないがしろにされたときの気持ちはいつまでも忘れられない」など）である。１（まったく当てはまらない）～５（よく当てはまる）の五段階で回答を求め、各項目の得点を合計して尺度値を得た。もう一つは、鈴木・春木（1994）による State-Trait Anger Expression Inventory 日本語版のうち、特性怒り尺度一〇項目（「人の前で非難されたりすると怒りを感じる」「良いことをしたのに認められないといらいらする」など）を用いて、個人の特性としての怒りやすさの程度を測定した。回答は１（まったく当てはまらない）～４（よく当てはまる）の四段階で、項目の評定値を合計して尺度値を求めた。

また、ネガティブな感情状態を測定するために、先に紹介した二つの研究でも用いたＪＵＮＡＳを用いた。裁判員としての判断などを尋ねる質問項目として、研究１・２と同様のものを用意したが、被告人に対する怒りと同情、被害者に対する同情と嫌悪、被害者の母親に対する同情と嫌悪の程度を尋ねる項目（五段階）が加えられた。

実験参加者は、初めに、この実験はビデオの審理を見て裁判員になったつもりで被告人に対する有罪無罪判断を行うものである旨の説明を受けた。次いで参加者は、ネガティブな反すう、怒りの持続しやすさ、特性怒りを測定する質問項目に回答し、模擬裁判ビデオを視聴したのちに、裁判員としての判断などの質問紙に回答した。半数の参加者は、ＶＳＯを含む模擬裁判ビデオを、残りの半数は、ＶＳＯを含まないビデオを視聴した。

説示条件の参加者は、裁判員としての判断を行う直前に、判断は証拠のみに基づくこと、および被告人の有罪が十分に証拠づけられた場合にのみ有罪とすることについて口頭で説示を受けた。説明条件の参加者は、ビデオを視聴しての自らの考えや気持ちを他者に説明するつもりで紙に書くよう求められた。

すべての参加者は、実験の各時点で二回から三回、ＪＵＮＡＳに回答するよう求められた。これらの時点は、ビデオ視聴前（全参加者）、ビデオ視聴後（全参加者）、感情制御手続（説示もしくは説明）後（説示条件と説明条件のみ）の三つであった。

2　結果

まず、有罪無罪判断について見てみよう。各条件における有罪判断率を図4に示す。カイ二乗検定を行った結果、説示・説明の有無の有意な効果が見られた（$\chi^2(2, n = 119) = 7.99, p < .05$）。ライアン法による下位検定を行ったところ、説示も説明もなしの統制条件（.73）と説示条件（.41）の差が有意であった（$\chi^2(1, n = 79) = 7.98, p < .005$）。説明条件（.58）と他の二条件との間には有意差はなかった（$p > .1$）。また、有罪判断率はＶＳＯあり条件（.61）でなし条件（.53）より高かったが、有意な水準には達していなかった（$\chi^2(1, n = 119) = 0.72, p > .10$）。

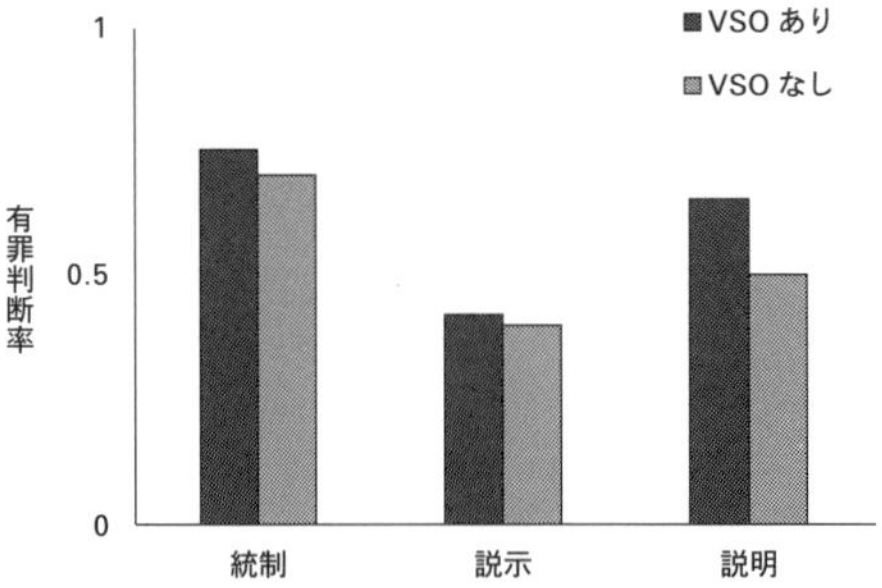

図4　研究3の各条件における有罪判断率

次いで、感情状態について検討する。裁判員としての判断を行う直前のＪＵＮＡＳの評定値についてＶＳＯの有無と説示・説明の有無を要因とする2×3の分散分析を行ったところ、主効果、交互作用とも有意ではなかった。判断直前のＪＵＮＡＳ評定値からビデオ視聴前のＪＵＮＡＳ評定値を引いた差を求め、同様の分散分析を行ったところ、差の全体平均は〇・二八と正の値となり、ビデオ視聴によりネガティブ感情が強くなったことがうかがわれたが、やはり主効果、交互作用とも見られなかった。感情カテゴリー別の下位評定値についての分析も同様の結果であった。

裁判ビデオのＶＳＯ以外の部分の視聴によりネガティブ感情が変化するのかを見るために、ＶＳＯなし説示・説明なしの条件におけるビデオ視聴前後のＪＵＮＡＳ評定値の比較を行った。ビデオ視聴前（1.12）に比べ視聴後（1.50）は有意に高く（$F(1, 19) = 9.76, p < .01$）、ＶＳＯを視聴しなくても裁判ビデオの視聴によってネガティブ感情が強くなったことが示された。さらにＶＳＯの視聴

も加わった効果を確認するために、ＶＳＯあり条件の三群についてビデオ視聴前とビデオ（ＶＳＯ含む）視聴後のＪＵＮＡＳ評定値について、評定の時期と説示・説明の有無を要因とする２×３の分散分析を行った。その結果、視聴前（1.45）に比べ視聴後（1.75）のＪＵＮＡＳ評定値は有意に高かった（$F(1, 56) = 1.92, p < .05$）が、説示・説明の有無の効果は有意ではなかった。ビデオの視聴前後の評定値の差は、ＶＳＯを含まないバージョンを視聴した場合に比べ大きくはなく、数値上はむしろ小さかった。次いで、説示を与えること、自分の考え、気持ちを説明することによる感情の変化を見るために、ＶＳＯあり条件のうち説示、説明を行った二群において、説示、説明の前（ＶＳＯ視聴後）と後のＪＵＮＡＳ評定値を比較した。２（評定時期）×２（説示、説明）の二要因の分散分析を行なった結果、評定時期の効果に有意な傾向が見られた（$F(1, 37) = 3.91, p < .10$, 説示、説明の前; 1.71、後; 1.62）。これは感情制御の操作がネガティブ感情を抑えるある程度の効果を持っていた可能性を示している。

以上、個人内の比較では、裁判ビデオやＶＳＯの視聴はネガティブ感情を強くし、説示を受ける、あるいは説明を行うことはネガティブ感情を抑えるという形で感情状態に影響を与えていることが示されたが、個人間の比較では感情状態に有意な違いは見られなかった。さらにＶＳＯの提示が単独で効果を持っているかどうかは実験計画の都合上、確認ができなかった。

表2　研究3における特定の人物に対する感情の評定値

	VSOあり			VSOなし		
	統制	説示	説明	統制	説示	説明
被告人に対する怒り	2.6	2.0	2.1	1.9	1.8	2.0
被告人に対する同情	3.3	3.2	2.9	3.0	3.7	3.6
被害者に対する嫌悪	3.5	3.2	2.9	3.4	3.8	4.1
被害者に対する同情	2.2	2.5	2.4	2.5	1.9	2.0
遺族に対する嫌悪	2.7	2.3	2.7	1.7	1.9	2.1
遺族に対する同情	2.8	3.0	2.7	3.1	3.3	3.2

ＪＵＮＡＳによる感情評定は、特定の人物や出来事に向けられた感情ではなく、その時点での一般的な感情状態についてのものである。この実験では裁判ビデオ視聴後に、被告人、被害者、被害者の母親に対する計六つの感情について評定を求めた（表2）。これらの評定値について、ＶＳＯの有無と説示・説明の有無を要因とする2×3の多変量分散分析を行った。その結果、ＶＳＯの効果が有意であった（$F(6, 108) = 5.34, p < .001$）。また、交互作用に有意傾向が見られた（$F(12, 216) = 1.71, p < .10$）。説示・説明の効果は有意ではなかった。個々の感情についてみると、ＶＳＯの有意な効果が、被害者に対する嫌悪と被害者の母親に対する嫌悪に見られ（$ps < .05$）、被告人に対する怒りと被疑者の母親に対する同情に有意傾向が見られた（$ps < .10$）。ＶＳＯは被告人に対する怒りと被害者の母親に対する嫌悪を強め、被害者に対する嫌悪と被害者母親に対する同情を弱めていた。

実験参加者のネガティブ感情に関する個人特性、感情状態、有罪確信度の間の関連を調べるために、これらの指標間の相関係数を計算したものを表3に示す。一％水準で有意な相関が見られた指標に注目すると、有罪の確信度との間に相関が見られるのは、被告人に対する怒り（$r=.358$）と同情（$r=-.375$）のみであり、ビデオ視聴前や判断前のＪＵＮＡＳ評定値との間にはほとんど相関が見られなかった。被告人の有罪を確信しているものほど被告人に対して怒りを感じており、同情していないことがわかる。また、怒りの持続しやすさと怒りを感じやすい性格を示す特性怒りという、怒りに関する個人の特性は、裁判ビデオ視聴前後のＪＵＮＡＳ評定値、個人に対する怒りや嫌悪と関連を持つことが示された。一方、ネガティブな反すうの得点は、個人に対する怒りや嫌悪とは関連がなかった。

これらの結果より有罪確信度と一％水準で有意な相関を示した被告人に対する怒りと同情の評定値を取り上げ、また、個人に対する感情にＶＳＯの有無が有意な効果を持っていたことにも注目し、これらとの間に有意な相関が見られた怒りに対する個人特性、有罪確信度との因果関係のモデル化を、共分散構造分析を用いて試みた。さまざまなモデル（逐次的モデル）を比較したところ、図5に示すモデルの適合度が最もよかった。適合度指標は、GFI＝.978、AGFI＝.945、CFI＝.983、RMSEA＝.033であり、推定値もすべて五％水準で有意であった。この結果は、怒りやすい特性が強いほど、またＶＳＯが提示された場合には提示されなかった場合に比べ模擬裁判員は被告人に対する怒りを感じやすく、怒りを感じることが有

表 3　研究 3 における個人特性、感情状態、有罪確信度の間の相関係数（CG：有罪確信度）

	AL	TA	J1	J3	AD	SD	SV	DV	SM	DM	CG
反すう RUM	**.370****	**.273****	.193*	.206*	.150	.076	.070	.140	.028	.020	.080
怒りの持続 AL		**.625****	**.283****	**.307****	**.308****	.053	.122	.104	.153	.105	.126
特性怒り TA			.192*	**.252****	**.290****	.137	.116	**.251****	.070	.179	.026
ビデオ前の JUNAS J1				**.475****	.172	–.002	.027	.091	.124	.131	.010
判断前の JUNAS J3					**.415****	**.194***	.231*	.163	**.252****	.123	.027
被告人への怒り AD						–.191*	**.334****	–.041	.168	**.240****	**.358****
被告人への同情 SD							.097	**.557****	.193*	.150	**–.375****
被害者への同情 SV								–.092	**.468****	**.273****	.109
被害者への嫌悪 DV									.084	.171	–.235*
母親への同情 SM										–.045	.057
母親への嫌悪 DM											.026

*5%水準で有意、** 1%水準で有意

罪判断をする傾向を高めること、被告人を無罪と考えることが被告人に対する同情を生起させることを示している。ＶＳＯの有無、被告人に対する怒り、被告人に対する同情、有罪確信度の間のパスの引き方を変更した場合、すなわち、たとえば被告人を有罪と考えることが被告人に対する怒りの感情を引き起こす、などといったモデルは、図5のモデルより適合度が低くなることが示された。

3　考察

本研究の目的は、裁判員に被害者による感情的な意見陳述（ＶＳＯ）を提示する、説示を与える、自分の考えの説明を求めるなどの実験操作が、裁判員による有罪無罪の判断および裁判員の感情に影響を与えるか否かを検討することであった。実験の結果、有罪判断率はＶＳＯの有無によって統計的に有意な水準では変わらず、ＪＵＮＡＳによる感情状態の評定値にもＶＳＯの有無によ

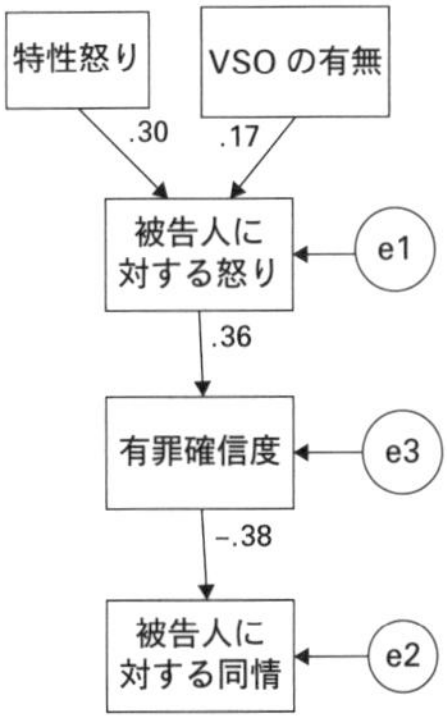

図5　研究3におけるVSOの有無、被告人に対する感情、有罪確信度の間の関係のモデル（数値は標準化推定値）

る影響は見られなかった。一方説示、説明についてみると、裁判員としての判断を求める直前に説示を与えることが、有罪判断率を減少させた。しかし、これらの実験操作がJUNASの評定値、および被告人や被害者に対するネガティブ感情に影響を与えることはなかった。

先に紹介した研究1では見られた、VSOのネガティブ感情、有罪判断率への影響が見られなかった理由としては、本実験においてVSOの提示によって喚起された感情が十分に強くなかったことが考えられる。個人内の比較では、裁判ビデオの視聴や感情制御が感情に影響を与えていることは示されているが、VSOが単独で感情に影響を与えているかは疑わしい。より強い感情を喚起するVSOの材料を用いた実験を行うことが必要であろう。

実験材料として用いたVSOに関しては、研究1ではスライドの文章とナレーションによりVSOが提示されたが、本実験では役者が演じたビデオであった。本実験のような材料の場合、実験参加者が「役者が演じているのだ」という見方をしてしまい、強い感情が喚起されなかった可能性も考えられる。本実験のビデオで意見陳述を行なった被害者の母親役の役者の演技はやや表現が過剰であり、そのためかえって「演じている」感じが強まっている可能性もある。

一方、被告人、被害者、被害者遺族（母親）に対する感情に目を向けると、VSOの影響が見られるものがいくつかあった。対象や感情の種類によって効果の方向が異なっていることからも、これらの感情は認知的な解釈が強くかかわった感情であるといえよう。ＪＵＮＡＳによって測定する対象を特定しない一般的な感情状態に比べ、このような特定の対象に対する感情には、ＶＳＯの影響は表れやすいのかもしれない。この理由の一つとして、対象がはっきりしている場合の方が自分の感情を評価しやすい、ということが考えられる。あるいは、「このような状況ではこのような感情を感じるはずだ」といった、むしろ認知が先行した判断が評定に現れたためである可能性も考えられよう。

　感情に関する個人特性、感情状態、有罪確信度の間の関連に関しては、以下の点が注目に値する。まず、個人特性、特に怒りの持続しやすさと特性怒りがいくつかの感情状態の指標と有意な相関を示している点である。もう一つは、感情状態の中で有罪確信度と相関が見られたのは、ＪＵＮＡＳで測られた一般的で特定の対象に限定されないネガティブ感情ではなく、特定の個人に向けられた感情である、という点である。これらの関係と、先に述べた、ＶＳＯの影響がＪＵＮＡＳの評定値には見られないが特定の個人に対する感情には見られた、という結果を合わせて考察すると、本実験においてはＶＳＯの有無と有罪無罪判断の間には有意な関連が見られなかったが、ＶＳＯの効果が個人に対する感情を介して有罪無罪の判断に影響を与えている可能性も考えられるであろう。

　この可能性を確かめるために行った分析では、個人特性、個人に対する感情評定値、有罪確信度の関係のモデルでは、図5に示したモデルが良い当てはまりを示した。すなわち、VSOは被告人に対する怒りをある程度強めるが、同時に被告人に対する怒りの程度は、怒りっぽい、怒りが持続しやすい、といった個人差の影響を強く受ける。そして、被告人に対する怒りは被告人を有罪とする方向に裁判員を動かす。一方、被告人に対する同情は、被告人を有罪と考えることにより弱まるものと考えられる（悪いことをしたのだから、同情には値しない、など）。このモデルの妥当性は、より多くのデータにより検討される必要があると考えられるが、本実験の結果はVSOの有罪無罪判断への影響を否定するものというより、影響が存在する可能性を示すものであるということができよう。

説示を与えることや自分の考えの説明を求めることが感情に及ぼす効果については、個人内の比較結果からは、ある程度の効果があったことが示されているが、個人間の比較で差が表れるほどの効果は見られなかった。にもかかわらず判断前に説示を与えることが有罪判断率を減少させたのは、感情の変化を介して、というよりも、認知に直接的に働きかけた結果、実験参加者が、疑わしきは被告人の有利に、とより慎重な判断を心がけたためであるのかもしれない。

注

（1）本研究は、著者が指導した卒業論文「裁判員の判断における感情的情報と感情制御の影響」（赤坂有紀、二〇一三年三月慶應義塾大学文学部心理学専攻卒業）に新たに分析を加えまとめ直したものである。

終　章　統括とこれからの課題

本書では、前半で我が国の裁判員制度における心理学的諸問題について論じ、後半ではわれわれの研究室で行なった、公判廷で裁判員が接する、感情を喚起させるような情報が裁判員の感情や事実認定の判断に与える影響についての実験的研究を紹介した。ここではまず、後半で紹介した実験的研究についてまとめ、それらの研究成果の裁判実務や裁判員制度に対する含意について議論する。次いで裁判員制度を中心に司法の問題に関連する心理学的研究のこれからの課題について議論する。

裁判員制度の導入が決まった頃から、死体写真など裁判員にネガティブな感情を生起させる恐れのある情報の提示が、裁判員の心理状態に裁判が終わった後も残る影響を与える可能性については問題視されてきた。しかし、感情的な情報が裁判員の判断に不適切な影響を与える可能性についてはあまり議論されてこなかった。研究1（Matsuo & Itoh, 2016）は、被害者遺族による意見陳述（VSO）と凄惨な死体写真という感情を掻き立てる情報、特にVSOが、これらの情報とは関連がないはずの有罪無罪の判断に関する裁判員の判断に影響を与えてしまう可能性があることを示した。研究2（Matsuo & Itoh, 2017）では、ほぼ同一の裁判概要とVSOを用いて、説示が感情的な情報の裁判員の有罪無罪判断への影響を減少させるかどうかについて検討した。その結果、説示、特にVSOを有罪無罪判断の材料にしないように、という限定的な説示は部分的な効果を持つ可能性があるが、十分ではなく、特に認知欲求が低く、直感的に判断する傾向の強い裁判員に対しては効果がないことが示唆された。さらにVSOを判断材料にしてはならないとする限定的な説示が、一部の裁判員に対しては逆説的にVSOの事実認定判断の材料としての使用を促してしまう可能性も示唆された。

研究3では、上記二つの研究とは異なった裁判概要とVSOを用いて、VSOの提示やネガティブ感情に関する裁判員の個人特性がさまざまな感情や有罪無罪判断に及ぼす影響について検討した。その結果、VSOの有無と有罪無罪判断の間に直接有意な関連性は見られなかったものの、VSOの提示と怒りやすさという裁判員の個人特性が被告人に対する怒りの感情を喚起させること、被告人に対する怒りが強いと被告人を有罪と考える傾向が高まることが示唆された。VSOの提示が、裁判員の被告人に対する怒りの感情を強め、その結果有罪判断を下す傾向が高まるという関係は、二番目の研究でも示唆されており、また裁判概要とともに模擬陪審員に凄惨な写真を提示することがネガティブな感情を高め、有罪判断を増加させたことを示した先行研究（Douglas, *et al.*, 1997）の結果とも一貫している。また研究3では、説示の提示や自己の感情状態を説明することが喚起されたネガティブ感情を弱め、その結果有罪判断を抑えるという仮説を検討したところ、いずれの操作もネガティブ感情にはっきりとした影響を与えていなかったが、説示は有罪判断率を大きく減少させていた。この結果は、説示の効果が限定的であった研究2の結果とは一貫していない。

これら三つの研究の結果を総合すると、まずVSOという感情を掻き立てる可能性がある情報を裁判員に提示することが、裁判員の怒りの感情を高め、この怒りの感情を介して、あるいはより直接的に、有罪判断を増加させる可能性が高いことが考えられる。このことは、有罪無罪を判断する事実認定の手続きと、量刑の手続きが分離されておらず、VSOを含むすべての証拠が提示されてから有罪無罪を決定する現在の裁判手続においては大きな問題である。特に、怒りやすい裁判員や合理的にじっくり考えるよりは直感的に判断しがちな裁判員は、VSOに接することにより怒りを感じやすく、また説示を受けてもその効果が現れにくいことが示唆されていることから、このような裁判員が多く含まれる裁判体では、VSOに接することにより本来無罪判決が得られる事案において有罪判決が出てしまうことが十分起こりえる。事実認定と量刑の手続きが分離されている諸外国の裁判では、事実認定の段階でVSOが提示されることはないことを考えても、また説示によりVSOの効果を除去できない可能性が大きいことを考えても、裁判におけるVSOの提示については、事実認定と量刑の手続きを分離することを含め、検討が必要であろう。

　また、研究1では死体写真の有罪無罪判断への影響についてははっきりとした結果が得られなかった。しかし海外の研究では死体写真の提示がネガティブ感情を喚起させ、有罪判断率を増加させることが示されている（Bright & Goodman-Delahunty, 2006; Douglas, *et al.*, 1997）。またVSOが少なくとも一部はネガティブ感情の喚起を媒介して有罪判断を増加させていることから、死体写真などネガティブ感情を喚起させる可能性のある証拠についてもその提示に際しては慎重に考慮をする必要があろう。これらの証拠の中には事実認定のために必要な証拠が含まれることも考えられるので、手続きを二分したからといってこれらの事実認定への影響は除外されるとは限らない。説示の与え方をさらに工夫する、法廷や評議の場で用いることのできる感情の影響を除去する何らかの有効な方法を案出するなどを含め、さらに検討が必要であろう。

　説示の効果については、研究2ではあまりはっきりとした効果が見られず、効果は限定的であったのに対し、研究3では大きな効果が見られている。これは研究2で用いた事案では、被告人が殺害行為を犯したかどうかが争われていたのに対し、研究3では正当防衛が成立するかどうかが争われている点や、研究3の事案では、責められるべき点が被告人に少なく被害者に多くあったなど、さまざまな要因に依存しているのであろう。説示が裁判員の感情や判断に及ぼす影響については、さらに実証的な研究を重ねる必要がある。

　本書で紹介した研究は、感情を掻き立てるような情報が裁判員の感情や有罪無罪などの判断に及ぼす影響に焦点を当てて検討を行なっている。本書の前半で論じたように、裁判員裁判における心理学的な問題は、感情の問題以外にも数多く存在する。感情の問題に限っても、本書で紹介した三つの研究では以下のような問題についての検討は行われていない。(1)評議の過程を経ることによって、感情を掻き立てる情報の影響はどのように変化するのか。裁判官や他の裁判員と話し合うことによって、喚起した感情は落ち着き、判断に対する影響をなくなるのか、あるいは感情を煽り合うことにより影響はさらに大きくなるのか。(2)実際の裁判では、感情を喚起する情報に触れてから評議に入るまでの間に、休憩を挟む、日を改めるなど、ある程度の時間があることが考えられる。このような時間の経過は裁判員の感情や判断にどのような影響を与えるのか。時間が経過すると感情は治り、判断に対する影響もなくなるのか、感情を覚えた時点での判断が、時間が経っても維持されるのか。これらの問題に対して実証的にアプローチすることは困難であるが、問題の解決には実証的な研究の積み重ねが不可欠であると考えている。

　また、本書の前半で論じたように、感情的な情報の影響以外にも、裁判員の公平で適正な判断を妨げる可能性のある要因は数多く存在する。法律や裁判の進め方などに関する説示をどのようなタイミングでどのような形で与えればよいのか、マスコミの報道や噂、裁判官や他の裁判員の言動が裁判員の判断にバイアスを与えることはないのか、目撃者の証言や専門家による科学的鑑定結果の説明は正しく理解、評価され、適切に判断に反映されるのか、などは人間の心理の認知的な側面が大きく関わる問題である。裁判員制度をより良いものにして、適切に機能するようにしていくためには、法学的な議論の拠りどころとなるような裁判員の判断の心理学的特性についての、しっかりとした実証的なデータが必要である。

人間の心理は複雑であり、また裁判員裁判の状況も複雑である。事件ごと、あるいは裁判体ごとに判断に影響を及ぼす要因も異なっており、考えうるすべての要因の判断への影響を実証的に明らかにすることは不可能である。しかしそうであるからといって、実証的なデータに基づかない議論は極めて危険である。裁判員の判断に関する十分な数と質の心理学的な実証研究が行われ、その成果がよりよい裁判員制度とその運用につながることを強く願っている。

あとがき

記憶の基礎的な研究をしていた私が、目撃者の記憶に関する研究を始めて三〇年近くになる。マスコミに「裁判員」ということばが出るようになる前後からは、裁判員の判断に関わる心理学的な問題にも関心を持ち、実験的な研究を行ってきた。その間、弁護士と心理学者のチームで実際の裁判に関わる仕事をしたり、学会（特に、法と心理学会）や研究会で、弁護士、法律学研究者、心理学研究者による議論に加わったりすることができた。本書の研究は、そのような経験の中で生まれてきた。

実験的研究は、若い人たちと一緒に行ったものである。第二章、第三章で紹介した研究は、現在、慶應義塾大学先導研究センターの研究員である松尾加代さんが、私の指導の下まとめた博士学位論文の一部であり、松尾さんと私の共著論文として専門誌に掲載されたものである。松尾さんは本書の共著者であると言ってよいほど、本書の成立は松尾さんの力によるところが大きい。また第三章で扱った研究は、私の下で卒業論文を執筆した赤坂有紀さん（二〇一三年三月慶應義塾大学卒）が精力的に実験を行って得たデータに基づいている。

本書は、実験的研究の部分だけでなく、全体が、多くの法実務家、法律学研究者、心理学研究者との議論の中から生まれたものである。特に、二〇一一年度から二〇一五年度までの五年間の文部科学省科学研究費補助金新学術領域研究「法と人間科学」では、多くの研究者と密な議論をすることができた。本書の研究のほとんどは、この新学術領域研究の中の「裁判員の判断過程に影響する認知的、および社会的影響に関する研究」（研究代表者：伊東裕司、課題番号：23101008）および基盤研究(B)「法廷における感情的情報の提示が裁判員の判断に与える影響」（研究代表者：伊東裕司、課題番号：23330198）により行われた。また、成城大学の指宿信先生、獨協大学の徳永光先生、ＡＮＤ綜合法律事務所の氏家宏海先生、香川大学の吉井匡先生には本書の草稿の段階で法律学の立場からコメントをいただいた。記して感謝したい。

現在の日本の刑事司法は多くの問題を抱えている。これに対して心理学ができる貢献は、限られたものではあるが、決して小さくはない。本書が、問題の解決に向けた心理学からの動きを多少なりとも後押しすることを切望している。

二〇一九年三月

伊東裕司

最高裁判所（2005）．裁判員制度.
http://www.saibanin.courts.go.jp/index.html
最高裁判所（2005）．裁判員制度　裁判員制度 Q & A.
http://www.saibanin.courts.go.jp/qa/index.html
産経新聞（2014）．血だらけの被害者，遺体刺し傷，裁判員追い込む激しき「証拠」…それでも配慮の“証拠加工”に異議の「二律背反」．10 月 23 日．
http://www.sankei.com/premium/news/141023/prm1410230006-n1.html

information processing and decision making. *Journal of Applied Psychology*, 76, 220–228.

杉田宗久（2010）．裁判員裁判における手続二分論的運用について．原田國男判事退官記念論文集刊行会（編）新しい時代の刑事裁判：原田國男判事退官記念論文集，判例タイムズ社，55-61.

鈴木平・春木豊（1994）．怒りと循環器系疾患の関連性の検討．健康心理学研究，7(1)，1–13.

Tversky, A., & Kahneman, D. (1983). Extensional versus intuitive reasoning: The conjunction fallacy in probability judgment. *Psychological Review*, 90, 293–315.

綿村英一郎（2011）．心理的インパクトの強い証拠が素人の法的判断に与える影響．法と心理，10，47–54.

渡辺俊太郎・小玉正博（2001）．怒り感情の喚起・持続傾向の測定：新しい怒り尺度の作成と信頼性・妥当性の検討．健康心理学研究，14(2)，32–39.

Whalen, D.H., & Blanchard, F. A. (1982). Effects of photographic evidence on mock juror judgment. *Journal of Applied Social Psychology*, 12, 30–41.

インターネット資料

法務省（2015）．裁判員制度の概要　2．裁判員の選び方.
http://www.moj.go.jp/keiji1/saibanin_seido_gaiyou02.html

日本経済新聞（2013）．元裁判員の女性が国を提訴　ストレス障害と賠償請求．5月7日.
https://www.nikkei.com/article/DGXNASDG0702A_X00C13A5000000/

大分県弁護士会（2011）．裁判員制度見直しを求める意見書.
https://www.oitakenben.or.jp/data/statement/132505831513333.pdf

Mazzella, R., & Feingold, A. (1994). The effects of physical attractiveness, race, socioeconomic status, and gender of defendants and victims on judgments of mock jurors: A meta-analysis. *Journal of Applied Social Psychology*, 24, 1315–1344.

村山綾・三浦麻子（2015）．裁判員は何を参照し，何によって満足するのか：専門家－非専門家による評議コミュニケーション．法と心理，15，90–99.

Myers, B., & Arbuthnot, J. (1999). The effects of victim impact evidence on the verdicts and sentencing judgments of mock jurors. *Journal of Offender Rehabilitation*, 29, 95–112.

尾形誠規（2010）．美談の男：冤罪・袴田事件を裁いた元主任裁判官・熊本典道の秘密．鉄人社.

Paternoster, R., & Deise, J. (2011). A heavy thumb on the scale: The effect of victim impact evidence on capital decision making. *Criminology*, 49, 129–161.

Petty, R. E., & Cacioppo, J. T. (1984). The effects of involvement on responses to argument quantity and quality: Central and peripheral routes to persuasion. *Journal of Personality and Social Psychology*, 46, 69–81.

Petty, R. E., & Cacioppo, J. T. (1986). The elaboration likelihood model of persuasion. In L. Berkowitz (Ed.) *Advances in experimental social psychology*, Vol. 19. San Diego, CA, US: Academic Press, 123–205.

佐伯昌彦（2017）．被害者参加と量刑．指宿信（編）犯罪被害者と刑事司法．岩波書店，48–64.

Schwarz, N., & Clore, G. L. (1983). Mood, misattribution, and judgments of well-being: Informative and directive functions of affective states. *Journal of Personality and Social Psychology*, 45, 513–523.

Smith, V. L. (1991). Impact of pretrial instruction on jurors'

めている．インターシフト）
畑桜（2011）．裁判員制度下における手続二分制の有効性．立命館法政論集，9，160–189.
五十嵐二葉（2007）．説示なしでは裁判員制度は成功しない．現代人文社.
今井朋子（2013）．手続二分論の再考．広島法学，36(3), 178–165.
伊藤拓・上里一郎（2001）．ネガティブな反すう尺度の作成およびうつ状態との関連性の検討．カウンセリング研究，34, 31–42.
Kahneman, D. (2011). *Thinking, fast and slow*. New York, NY, US: Farrar, Straus and Giroux.（村井章子（訳）2014. ファスト＆スロー：あなたの意思はどのように決まるか？早川書房）
Kassin, S. M., & Garfield, D. A. (1991). Blood and guts: General and trial specific effects of videotaped crime scenes on mock jurors. *Journal of Applied Social Psychology*, 21, 1459–1472.
神山貴弥・藤原武弘（1991）．認知欲求尺度に関する基礎的研究．社会心理学研究，6, 184–192.
Lieberman, J. D., & Sales, B. D. (1997). What social science teaches us about the jury instruction process. *Psychology, Public Policy, and Law*, 3, 589–644.
Luginbuhl, J., & Burkhead, M. (1995). Victim impact evidence in a capital trial: Encouraging votes for death. *American Journal of Criminal Justice*, 20, 1–16.
Matsuo, K., & Itoh, Y. (2016). Effects of emotional testimony and gruesome photographs on Mock Jurors' decisions and negative emotions. *Psychiatry, Psychology and Law*, 23, 85–101.
Matsuo, K., & Itoh, Y. (2017). The effects of limiting instructions about emotional evidence depend on need for cognition. *Psychiatry, Psychology and Law*, 24, 516–529.

参考文献

文献資料

Bourgeois, M. J., Horowitz, I. A., ForsterLee, L., & Grahe, J. (1995). Nominal and interactive groups: Effects of preinstruction and deliberations on decisions and evidence recall in complex trials. *Journal of Applied Psychology*, 80, 58–67.

Bower, G. H. (1981). Mood and memory. *American Psychologist*, 36, 129–148.

Bright, D. A., & Goodman-Delahunty, J. (2006). Gruesome evidence and emotion: Anger, blame, and jury decision-making. *Law and Human Behavior*, 30, 183–202.

Cacioppo, J. T., & Petty, R. E. (1982). The need for cognition. *Journal of Personality and Social Psychology*, 42, 116–131.

Clore, G., Schwarz, N., & Conway, M. (1994). Affective causes and consequences of social information processing. In R. Wyer & T. Srull (Eds.), *Handbook of social cognition: Basic processes; Applications., vol. 1, 2nd ed.* Hillsdale, NJ: LEA. 323–417.

Douglas, K., Lyon, D., & Ogloff, J. (1997). The impact of graphic photographic evidence on mock jurors' decisions in a murder trial: Probative or prejudicial? *Law and Human Behavior*, 21, 485–501.

Forgas, J. P. (1994). The role of emotion in social judgments: An introductory review and an Affect Infusion Model (AIM). *European Journal of Social Psychology*, 24, 1–24.

渕野貴生（2015）．手続二分論：予断排除と量刑の科学化．法と心理，15，16–22.

Gigerenzer, G. (2007) *Gut feelings: The intelligence of the unconscious.* New York, NY, US: Viking Books.（小松淳子（訳）2010．なぜ直感のほうが上手くいくのか？：「無意識の知性」が決

伊東　裕司（いとう　ゆうじ）
1955年生。慶應義塾大学文学部教授。
1982年、慶應義塾大学大学院社会学研究科単位取得退学。博士（心理学）。専門は認知心理学（特に人間の記憶の研究）、司法心理学（特に目撃記憶の信頼性、裁判員の判断）。主な著書に『目撃供述・識別手続に関するガイドライン』（共著、現代人文社、2005年）、『認知心理学を知る』（共編著、おうふう、2009年）、『記憶の心理学』（共著、放送大学教育振興会、2008年）ほか。

慶應義塾大学三田哲学会叢書
裁判員の判断の心理
――心理学実験から迫る

2019年5月30日　初版第1刷発行

著者――――――伊東裕司
発行――――――慶應義塾大学三田哲学会
〒108-8345　東京都港区三田2-15-45
http://mitatetsu.keio.ac.jp/
制作・発売所――慶應義塾大学出版会株式会社
〒108-8346　東京都港区三田2-19-30
TEL〔編集部〕03-3451-0931
〔営業部〕03-3451-3584〈ご注文〉
〃　03-3451-6926
FAX〔営業部〕03-3451-3122
振替　00190-8-155497
http://www.keio-up.co.jp/
装丁――――――耳塚有里
組版――――――株式会社キャップス
印刷・製本―――中央精版印刷株式会社
カバー印刷―――株式会社太平印刷社

©2019 Yuji Itoh
Printed in Japan　ISBN978-4-7664-2605-2

「慶應義塾大学三田哲学会叢書」の刊行にあたって

ars incognita

このたび三田哲学会では叢書の刊行を行います。本学会は、1910年、文学科主任川合貞一が中心となり哲学専攻において三田哲学会として発足しました。1858年に蘭学塾として開かれ、1868年に慶應義塾と命名された義塾は、1890年に大学部を設置し、文学、理財、法律の3科が生まれました。文学科には哲学専攻、史学専攻、文学専攻の3専攻がありました。三田哲学会はこの哲学専攻を中心にその関連諸科学の研究普及および相互理解をはかることを目的にしています。

その後、1925年、三田出身の哲学、倫理学、社会学、心理学、教育学などの広い意味での哲学思想に関心をもつ百数十名の教員・研究者が集まり、相互の学問の交流を通して三田における広義の哲学を一層発展させようと意図して現在の形の三田哲学会が結成されます。現在会員は慶應義塾大学文学部の7専攻（哲学、倫理学、美学美術史学、社会学、心理学、教育学、人間科学）の専任教員と学部学生、同大学院文学研究科の2専攻（哲学・倫理学、美学美術史学）の専任教員と大学院生、および本会の趣旨に賛同する者によって構成されています。

1926年に学会誌『哲学』を創刊し、以降『哲学』の刊行を軸とする学会活動を続けてきました。『哲学』は主に専門論文が掲載される場で、研究の深化や研究者間の相互理解には資するものです。しかし、三田哲学会創立100周年にあたり、会員の研究成果がより広範な社会に向けて平易な文章で発信される必要性が認められ、その目的にかなう媒体が求められることになります。そこで学会ホームページの充実とならんで、この叢書の発刊が企図されました。

多分野にわたる研究者を抱える三田哲学会は、その分、多方面に関心を広げる学生や一般読者に向けて、専門的な研究成果を生きられる知として伝えていかなければならないでしょう。私物化せず、死物化もせずに、知を公共の中に行き渡らせる媒体となることが、本叢書の目的です。

ars incognita　アルス　インコグニタは、ラテン語ですが、「未知の技法」という意味です。慶應義塾の精神のひとつに「自我作古（我より古を作す）」、つまり、前人未踏の新しい分野に挑戦し、たとえ困難や試練が待ち受けていても、それに耐えて開拓に当たるという、勇気と使命感を表した言葉があります。未だ知られることのない知の用法、単なる知識の獲得ではなく、新たな生の技法（ars vivendi）としての知を作り出すという本叢書の精神が、慶應義塾の精神と相まって、表現されていると考えていただければ幸いです。

慶應義塾大学三田哲学会